ESPIRITUALIDADE *Bíblica*

ESPIRITUALIDADE
Bíblica

LUÍS I. J. STADELMANN, SJ

Edições Loyola

Preparação: Maurício Balthazar Leal
Projeto Gráfico: Ronaldo Hideo Inoue
Capa: Walter Nabas
Revisão: Cristina Peres

Edições Loyola
Rua 1822, 341 – Ipiranga
04216-000 São Paulo, SP
T 55 11 3385 8500
F 55 11 2063 4275
editorial@loyola.com.br
vendas@loyola.com.br
www.loyola.com.br

ISBN 978-85-1503694-3

SUMÁRIO

APRESENTAÇÃO

O tema central deste livro sobre a Espiritualidade na Bíblia é abordado em três partes: I. Teologia bíblica, II. Liturgia bíblica, III. Pedagogia bíblica.

O conteúdo da primeira parte sobre a *Teologia bíblica* se desdobra em dois grandes blocos temáticos: na perspectiva do Antigo Testamento e do Novo Testamento. Numa visão de conjunto é apresentada a experiência espiritual na Bíblia à luz dos dois princípios fundamentais da religião de Israel: a *Eleição* divina e a *Aliança* sagrada. A temática é estudada em retrospecto sobre a história dos Patriarcas, o período do Êxodo, a pregação dos Profetas, a oração dos Salmos, a situação pós-exílica de Israel e a reflexão dos sábios na literatura sapiencial. No Novo Testamento destacam-se três linhas marcantes de espiritualidade: a do *Reino de Deus* nos evangelhos sinóticos, a do *desígnio de salvação e santificação* em São Paulo e a da *vida em união com Deus* em São João.

A segunda parte sobre a *Liturgia bíblica* apresenta a religiosidade do Povo de Israel em termos de resposta da comunidade de fé que está vinculada em *Aliança* sagrada com Deus. Por meio de ritos sagrados se atualiza o valor religioso da *Eleição* divina dos fiéis que põem em prática o intercâmbio com Deus e a missão de servir de paradigma da salvação para todos os povos. No Salmo 119 encontram-se as intuições do salmista que se harmonizam com as vivências de piedade pessoal e motivações comunitárias, formuladas em orações de louvor, de ação de graças, de súplica e de adesão pessoal a Deus. O leitor moderno que se abre ao mundo mediante suas concepções e anseios torna-se interlocutor com o salmista sem voltar ao passado e a utopias arcaicas porque o diálogo com Deus inefável é sobre a autotranscendência do ser humano. Na recitação em público e em particular se valoriza a comunicação humana como meio de expressão de uma religião viva quando unida ao culto sacrifical do Povo de Deus.

A terceira parte sobre a *Pedagogia bíblica* mostra-nos que o método de abordagem consiste essencialmente em voltar a encontrar os elementos determinantes que servem de apoio à assimilação da mensagem dos textos inspirados. As técnicas de interpretação da Bíblia são elaboradas pela comunidade de fé, embora a chave hermenêutica não seja transmitida pela tradição editorial dos livros bíblicos. São indispensáveis, portanto, subsídios pedagógicos para recuperar a significação da riqueza das reflexões e dos critérios básicos que a informa, a fim de que cada geração possa assimilar o conteúdo revelatório a fazer jus à validez perene que a mensagem Bíblia reivindica.

L.ST.[1]

1 Luís I. J. Stadelmann, SJ, é doutor em Língua e Literatura Semíticas pelo Hebrew Union College (Cincinnati, Ohio, EUA), licenciado em Sagrada Escritura pelo Pontifício Instituto Bíblico (Roma), Master of Theology pela Loyola University (Chicago), professor de Sagrada Escritura no Instituto Teológico de Santa Catarina (ITESC, Florianópolis, SC).

TEOLOGIA BÍBLICA I

Introdução

A espiritualidade bíblica tem como componente essencial a vivência da fé e sua explicação teológica no contexto do Povo Eleito do Antigo Testamento (AT), e do Povo de Deus do Novo Testamento (NT). O próprio termo "espiritualidade" tem significado explicativo devido à referência ao Espírito Santo atuando na comunidade de fé e no coração dos fiéis, quando tendem a elevar-se até Deus. A característica marcante da Bíblia é a espiritualidade comunitária, com prioridade na comunidade de fé e com interesse no indivíduo como membro nela inserido, superando o espírito coletivo da cultura tribal dos semitas e transcendendo a preferência por temperamentos afins. Nisso aparece a dimensão comunitária no AT e eclesial no NT, servindo também de substrato da espiritualidade popular e da piedade pessoal, bem como de tantos outros movimentos espirituais da tradição bíblica[1].

Quando se entende a espiritualidade bíblica em sentido de manifestação da revelação de Deus na comunidade de fé e a experiência transcendente vivenciada entre os fiéis cabe à *teologia* cumprir seu papel de apresentar critérios e valores para discernir a autocomunicação de Deus dentro da história do Povo Eleito e os desígnios da salvação divina para com a humanidade. Compete também à reflexão teológica dos autores bíblicos apresentar uma marcante dimensão antropológica por meio de personagens que imprimiram um impulso para fomentar a convivência entre pessoas e povos, rompendo o particularismo entre gerações e diferentes culturas e abrindo o diálogo entre os seres humanos e Deus.

Lembremos também que à espiritualidade pertence a função de promover a experiência religiosa entre os fiéis por meio dos atos cultuais da Celebração Litúrgica, em cuja adoração do Deus transcendente em seus símbolos, rituais, solenidades religiosas e dons sagrados se reconhecem os frutos do Espírito. As formas litúrgicas pertencem à estrutura institucional da religião bíblica e expressam a resposta humana à autorrevelação de Deus tornando o diálogo divino-humano salvífico no seio da comunidade de fé. Devido às mediações participadas entre os fiéis, a celebração da liturgia se enriquece com os dons do Espírito, criando uma *religião viva* e despertando um dinamismo espiritual que leva a comunidade de fé a consolidar as duas colunas da religião bíblica: a *Eleição* divina e a *Aliança* sagrada. Em decorrência da liturgia bíblica, cada geração se encaminha da vivência da fé e à luz da tradição religiosa para o discernimento de opções e programas de ação para a vida no mundo.

1 A abordagem da espiritualidade bíblica na comunidade da *Aliança* é muito importante, porque se distingue fundamentalmente dos movimentos espiritualizantes das religiões asiáticas, haja vista a meditação da Ioga e do Zen propagada pelos mestres hindus e budistas.

Finalmente, o diálogo religioso na comunidade dos fiéis pressupõe a adoção de formas de método e linguagem que sejam acessíveis aos grupos de pessoas de diversas procedências e diferentes níveis de cultura. Antes de tudo, é papel da *pedagogia* promover a interiorização dos conteúdos da fé e a assimilação das formas de vivência, transmitidas pelas tradições religiosas, mediante a inculturação dos temas e das expressões em maravilhosa variedade de formas na mentalidade dos jovens e adultos. Nesse processo de assimilação dos valores do passado se evita a ruptura daquilo que é tachado de obsoleto e defasado devido ao engajamento na busca da plenitude, uma sede de autorrealização, um gosto pelo compromisso, anseio pela bondade humana básica, envolvimento no serviço, entrega total de si a Deus e um apego ao transcendente em seus símbolos, rituais e na própria vida, embora não estejam ausentes a fraqueza, o sentimento da miséria humana, o peso da culpa e a busca da salvação.

A espiritualidade do Antigo Testamento

A espiritualidade do AT está baseada em dois princípios fundamentais da revelação divina, que constituem às duas colunas sobre as quais repousa a religião de Israel: a *Eleição* divina e a *Aliança* sagrada.

Para entrar na esfera da aplicação desses dois princípios para o Povo Eleito do AT, não basta elaborar categorias teológicas, é preciso também levar em consideração sua inculturação na mentalidade dos israelitas e na vida comunitária nas diversas etapas de sua história. É que como unidades sociais o grupo, a família, o clã ou a tribo eram idênticos, mas o sentido da coesão social e religiosa era diferente em cada caso. No interior da família é que surgiu o tipo de relação entre os familiares como agrupamento com base num relacionamento de paternidade e irmandade espiritual. Destarte, os vínculos sociais entre os israelitas não se definiram pelos critérios étnicos e raciais, mas pelos laços sócio-históricos dos membros do Povo Eleito.

História dos Patriarcas

As narrações sobre as etapas da vida nomádica dos Patriarcas e os acontecimentos que ocorreram em suas migrações têm como pano de fundo a transumância nos campos e nas colinas da região da Palestina (Gn 12–50). É neste contexto que se situa a *Eleição* divina, pois a migração anual dos pastores iniciava-se com a invocação de Deus, a quem se implorava a proteção nos novos territórios. É que os pastores e os rebanhos deixavam para trás o patrocínio do deus tutelar do país de origem quando se punham a caminho rumo a um destino desconhecido. É interessante notar que os Patriarcas não invocaram o patrocínio do deus Baal, como divindade tutelar de Canaã, mas escolheram o *"Deus Altíssimo, Criador do céu e da terra"* (Gn 14,19). Essa escolha era inspirada pelo Espírito porque se tratava de Deus como Criador e Benfeitor, e não de um deus associado às forças telúricas e cósmicas, como Baal, o deus da tempestade. Era função de Deus atender ao pedido de proteção e bênçãos de ventura para os Patriarcas e suas famílias, que se tornaram portadores de sinais de benevolência divina para toda a humanidade (Gn 12,1-3).

A espiritualidade característica dos Patriarcas é a assimilação dos princípios da *Eleição* divina e da *Aliança* sagrada na intimidade da família e no intercâmbio com os grupos sociais de tradições religiosas diferentes. Notável aí é o critério seletivo na adoção de formas cultuais e concepções religiosas, não por meio da assimilação pura e simples de práticas rituais e expressões de piedade cananeias, mas da vivência da fé com atos de adoração e da oferenda de dons sagrados, como era praxe na devoção cultual: no altar de Betel (Gn 12,7-8; 13,4), no altar de Hebron (Gn 13,18), na ação de graças celebrada por Melquisedec (Gn 14,18-24), na ratificação da *Aliança* entre Deus e Abraão (Gn 15,18-21).

Digna de nota é a mudança de sentido da circuncisão, o rito da puberdade, em voga entre os povos primitivos para marcar a transição entre infância e adolescência. Longe de ser meramente um "rito de passagem" como iniciação na fase de amadurecimento humano, tornou-se um "rito religioso" como incorporação ao povo da *Aliança* (Gn 17,1-27). Esse rito remonta à tradição do Patriarca Abraão e entrou em vigor desde então em Israel durante todo período histórico, até os dias de hoje no judaísmo. Outra inovação é a rejeição do costume de "infibulação" das meninas, jamais praticada em qualquer época da história de Israel[2]. Na verdade, a pertença à *Aliança* sagrada não estava ligada a antigos ritos de iniciação em voga entre as tribos, mas foi introduzida como rito religioso praticado pelas famílias dos Patriarcas. Bastava, portanto, a circuncisão dos meninos para comprovar o fato de que a pertença à *Aliança* não se faz por nascimento, ou por herança, ou por osmose. Com isso ficou abrogada a lei da primogenitura que assegurava a continuidade histórica da *Aliança* entre as novas gerações, estabelecendo ao invés a vocação proveniente de Deus, entendida como *Eleição* divina para o exercício

2 Enrico CASALE, Dossier: Infibulazione: dignità mutilata, *Popoli*, n. 10 (out. 2006) 10-18. Para maior informação, cf., por exemplo: <www.stopfgm.org>; <www.dirittiumani.donne.aidos.it>; <www.amnesty.it>.

de determinado cargo, de acordo, porém, com os critérios das autoridades competentes, como é descrito no relato do "sacrifício de Isaac por Abraão" (Gn 22,1-19)[3]. Notável também é a extensão da *Eleição* divina à escolha da esposa de cada um dos Patriarcas: Sara (Gn 12,11-20), Rebeca (Gn 24,44), Lia e Raquel (Gn 29–30). Eram tidas como as Matriarcas de Israel porque fomentavam o "espírito do lar" e desempenhavam o papel crucial na realização da promessa anexa à *Aliança* sagrada[4].

A história dos Patriarcas não termina com a morte do Patriarca Jacó, mas conclui-se com a continuidade histórica dos descendentes, organizados em doze tribos de Israel (Gn 49,28). Eis, portanto, a vivência da fé que era idêntica em todas as tribos de Israel, sem variação nas diversas épocas e circunstâncias históricas.

Êxodo do povo de Israel

O evento do Êxodo é a dramatização histórica da *Eleição* divina das tribos israelitas, refugiadas na terra do Egito, e sua organização como Povo Eleito, relembrado desde então na religião de Israel como memorial litúrgico na festa da Páscoa. É nesta solenidade que se celebra a fundação de Israel, não meramente como comunidade sócio-histórica, mas como comunidade que vive sob a *Eleição* divina, não como elite à parte do conjunto dos povos, mas como povo no seio das nações servindo de paradigma de salvação da humanidade (Gn 18,19).

Na marcha pelo deserto há um hiato de quarenta anos, desde a saída do Egito até a chegada ao monte Sinai, lugar da organização das tribos israelitas em povo da *Aliança* com Deus. É o caminho do Êxodo que os israelitas trilharam para dramatizar o fato do percurso desde a libertação do Egito até a revelação divina pela Lei divina no Sinai. Sua relevância de validade perene é inculcar a necessidade de normas éticas na vida moral do Povo Eleito como condição imprescindível para chegar à Terra Prometida, pois o caminho da libertação implica a "*liberdade de*" situações de opressão, passando para a "*liberdade para*" abraçar as leis de moral, e envolve a "*liberdade com*" a comunidade de fiéis, e "*liberdade em*" escolher valores que são assumidos como opção da vida como dom; em outras palavras, partindo da expressão "Eu posso" para "Eu devo".

3 Cf. L. Stadelmann, O Sacrifício de Isaac: Um texto clássico sobre o discernimento espiritual na Bíblia, *Perspectiva Teológica*, ano 23, n. 61 (set.-dez. 1991) 317-332.

4 Cf. Catherine Chalier, *As Matriarcas: Sara, Rebeca, Raquel e Lia*, Petrópolis, Vozes, 1992.

Pregação dos profetas

A função religiosa dos profetas em Israel era a organização dos israelitas em comunidades éticas, juntamente com a consolidação das comunidades de fé. O movimento dos profetas surgiu, como instituição, desde o início da monarquia em Israel, pois no período tribal, isto é, sob a liderança de Josué e dos Juízes, não havia profetas. A explicação do ofício dos Juízes durante toda uma etapa histórica em Israel pode estar na dupla função desses líderes tanto na área religiosa como na judicial.

Com o surgimento da monarquia em Israel (começando com o reinado de Saul e, a seguir, o de Davi, em 1010 a.C.), foi abrogado o sistema de organização tribal, substituído pela instituição do governo central sob a chefia do rei, com sede em Jerusalém. Sua função governamental e política sobre todas as tribos suplantou a autonomia territorial e as lideranças dentro dos clãs, surgindo o perigo de implantar-se o sistema de organização do Estado conforme o modelo das monarquias cananeias e dos reinados e impérios pagãos. Era necessário salvaguardar os estatutos éticos do Povo Eleito dentro da tradição sociorreligiosa da *Eleição* divina e da *Aliança* sagrada, cujos arautos eram os profetas. Sua atuação era exercida em praça pública e não primordialmente nos santuários, porque sua missão era proclamar a Lei divina em áreas de conflito, com ênfase na "justiça" na ordem pública. Os profetas tinham por intuito estreitar os laços de fraternidade entre os fiéis e a partir dali estendê-la para toda a sociedade civil de Israel, a fim de que o mundo do trabalho, o mundo do comércio e o mundo da política ficassem imbuídos das relações vitais da *Aliança* sagrada.

A espiritualidade nos Salmos

Trata-se da vivência da fé na liturgia por meio da oração comunitária e, ao mesmo tempo, de sua aplicação à vida. Implica atitudes dos fiéis que se esforçam para desempenhar sua missão na vida, segundo os parâmetros religiosos do Povo da *Aliança* em união com Deus. Seu âmbito não se restringe ao particularismo judaico, mas estende-se à *comunidade litúrgica* que abrange os fiéis do Povo Eleito e os prosélitos que integram o Povo de Deus. A solidariedade entre as pessoas que a compõem, baseada na participação de princípio único profundo, é a vinculação com Deus pela *Aliança* sagrada e a inserção na comunidade soteriológica do Antigo Testamento, cuja continuidade histórica estende-se para a comunidade cristológica do Novo Testamento. Por isso, a ênfase na conformidade à vontade de Deus, pormenorizada na Lei divina, não quer atribuir ao voluntarismo ético o papel de vivência e crescimento na vida de perfeição, mas à adesão pessoal a Deus como Autor da *Aliança* sagrada e Pai do Povo Eleito. Daí que a natureza da religiosidade bíblica não se reduza a uma higiene da alma ou a uma terapia espiritual de quem se submete à Lei divina recitando os versos do Salmo 119 dedicados aos oito sinônimos (preceitos, prescrição, decretos, mandamentos, decisões, palavra, estatutos, testemunhos) inseridos nas vinte e duas estrofes desse Salmo. Aliás, nunca se menciona meramente a "Lei", mas sempre a "tua Lei" isto é, a Lei de Deus.

Caracteriza-se como espiritualidade porque a convivência humana baseia-se no intercâmbio animado pelo amor e pela piedade para com Deus e pela solidariedade para com as pessoas, favorecendo a completa educação pessoal e social dos filhos. O fator determinante na vida espiritual é o amor a Deus e ao próximo, porque o ser humano só se desenvolve como pessoa por meio do amor e só transcende a si mesmo quando sua existência, imbuída de amor, é partilhada com os de sua família e se estende a Deus, por meio de sua ação participativa na missão da comunidade de fé.

A importância da espiritualidade comunitária inspirada na experiência de fé e vivenciada na comunidade está na percepção dos sinais da presença atuante de Deus na vida cotidiana. Essa experiência de fé é descrita pelos salmistas como manifestação verdadeira da bondade divina que transborda de amor pelo ser humano: antes que alguém professasse a fé em Deus, a solicitude e a ternura de sua mãe eram a expressão da própria bondade divina para com Ele.

> 10 Na verdade, és tu que me tiraste do ventre materno
> e me confiaste aos seios de minha mãe.
> 11 Desde o nascimento fui entregue a ti,
> desde o ventre de minha mãe és tu meu Deus. (Sl 22,10-11)

Alguém poderia objetar que o salmista projeta um sentimento subjetivo para Deus, como mera sublimação do amor, elevando-o ao nível mais alto, a saber, o amor de doação de si mesmo. Mas essa objeção só seria válida se o indivíduo em questão fosse uma pessoa avulsa rezando a Deus e não, como é o caso na oração dos Salmos, um dos fiéis da comunidade de fé e membro do Povo Eleito. Com efeito, é interrogando a razão iluminada pela fé que entendemos o elemento essencial de nossa perfeição que é o amor que nos une a Deus, que se autocomunica por meio da *Aliança* sagrada com seu povo.

Enfim, a oração dos Salmos é um meio de que os fiéis necessitam para expressar seu amor a Deus, no contexto da *história da salvação*. O significado de cada Salmo encontra-se na mensagem de salvação definitiva em Jesus Cristo, assumida na oração cristã. À luz da experiência no Espírito, expressa nos Salmos pelos fiéis que testemunham, na vida, sua fidelidade e seu amor a Deus, vemos o perfil religioso de pessoas que se distinguiram no esforço para desempenhar sua *missão na vida*. São exemplos que nos ensinam a haurir da oração força para assumir nossa missão na vida, como meio de colaboração no desígnio salvífico de Deus para a humanidade.

Espiritualidade de alegria

Um traço marcante de espiritualidade bíblica é a alegria. Em oposição a esta espiritualidade há correntes de austeridade e severidade daqueles que, cheios de boa vontade, se empenham com fervor ou entusiasmo excessivo no trabalho da própria perfeição, mas acabam por se fatigar e esgotar com esforços inúteis.

A causa principal da alegria espiritual da comunidade de fé é a presença atuante de Deus sentida na liturgia e na vida (Sl 119,14.74.111.162). Na comunidade cristã expressa-se também a alegria espiritual na liturgia da Eucaristia dominical, cuja celebração não se reduz a uma revivescência (*revival*) cultual, porque os fiéis festejam a união com o Cristo sacramental. O elemento específico dessa vivência festiva é a alegria pela vitória sobre a morte e alegria pela glória da ressurreição de Cristo. Tudo isso se converte em mensagem de fé para toda a humanidade e em componente essencial da espiritualidade cristã.

Essa alegria tem como fonte primária o próprio Deus da *Aliança*. É portanto dom de Deus e não fruto do intelecto humano ou da faculdade volitiva, embora contribua como meio de coordenação e como instrumento harmonizador dos desejos. O dom de alegria espiritual nutre-se num clima de fraternidade e numa comunidade convivial. A alegria é propícia para se criar um ambiente de espontaneidade na manifestação de emoções, de expansão eufórica e animação lúdica da mocidade, na conversação descontraída dos adultos e na convivência entre os familiares no pequeno círculo do lar. Não menos importante é o efeito benéfico na vida pessoal como meio de diluir as tensões e mitigar o cansaço da alma. Não admira que a felicidade seja tão relevante entre os pobres e simples quanto entre os grandes privilegiados da vida.

A espiritualidade de alegria implica renúncias ao comodismo e ao apego aos bens materiais, no intuito de dar prioridade aos bens espirituais. No judaísmo surgiu uma mística da austeridade entre os "essênios" e "terapeutas", e no cristianismo entre os "ebionitas". Essa mística de rigor ascético era inspirada em parte nas condições de pobreza de grupos sectários e em parte na aplicação generalizada das expressões de austeridade na pregação dos profetas no AT ou de Cristo no NT, como se fossem exigências para um estilo de vida normal. Os textos bíblicos do NT buscam transmitir uma mensagem aos fiéis de toda a Igreja, e não restrita a um grupo sectário ou a um círculo de ascetas. Na verdade, o chamado à renúncia aos bens materiais se entende de modo diferenciado quanto à espiritualidade e quanto à história da Igreja. No primeiro caso, trata-se da exigência de adesão pessoal a Cristo, prevalecendo o valor espiritual sobre o material. A renúncia tem validade para a vida cristã de todos os fiéis, mas só quando é assumida em virtude da relação pessoal com Cristo, e não em virtude de uma "causa" ou de um ideal religioso qualquer. Entretanto, a exigência da renúncia restringe-se a alguns grupos de fiéis que abraçam o estado da "vida consagrada" em vista da perfeição, não para fins de aprimoramento moral e religioso, mas por vocação divina como *carisma* do Espírito Santo para servir de credibilidade do apostolado cristão entre as mais variadas camadas sociais, principalmente entre os pobres.

No segundo caso, há um retrospecto narrativo (nos Evangelhos) sobre a Igreja dos primeiros tempos, prestando-se uma homenagem aos heroicos missionários que, por causa da perseguição dos judeus, sofreram boicote no comércio e foram expulsos da pátria, tendo que viver alhures na clandestinidade. Essas circunstâncias foram providenciais para a expansão do cristianismo; a religião cristã difundiu-se graças aos discípulos de Cristo imbuídos de uma espiritualidade não da condição de vítima, mas de uma *espiritualidade de entusiasmo* pela obra do Reino de Deus no mundo, sob a ação do Espírito Santo.

Período pós-exílico de Israel

Os escritos bíblicos do período pós-exílico passaram por uma revisão à luz da espiritualidade comunitária. Tanto os judeus repatriados como os israelitas autóctones de Judá consignaram por escrito a experiência amarga do Exílio do Povo Eleito, reduzido a duas tribos[5]. Era mister salvaguardar a autenticidade da vivência da fé bíblica por esses poucos remanescentes por meio da restauração da liturgia no Templo. Não bastava, pois, uma mera revivência da espiritualidade graças a ritos saudosistas e à evocação de eventos do passado, pois com base no saudosismo não se faz uma espiritualidade.

Por iniciativa dos israelitas, organizados em comunidades de fé na Terra Prometida e reunidos na liturgia do Templo restaurado, nasceu uma espiritualidade de fé viva e vibrante, motivada não só pela restauração dos símbolos religiosos da nação, mas sobretudo pela evocação dos princípios religiosos da *Eleição* divina e da *Aliança* sagrada, que não se desgastaram nem se tornaram obsoletos.

5 O processo de afunilamento de doze tribos para duas no final aconteceu em 722 a.C., quando o reino do Norte de Israel foi conquistado pelos assírios e sua capital (Samaria) ocupada. Os habitantes israelitas foram deportados e disseminados em várias localidades da Mesopotâmia. O destino de dez tribos do Povo Eleito sumiu pela miscigenação da minoria de israelitas rodeados pela maioria de outras religiões.

Nos livros das Crônicas relata-se, numa visão retrospectiva, a história de Israel em duas etapas, abrangendo os períodos pré-exílico e pós-exílico. O objetivo é ressaltar o duplo aspecto da vivência da fé na vida pública e privada, tal como aparece nos protagonistas do povo. Além disso, o primeiro aspecto dessa vivência concerne à prática do *culto*, mostrando o fato de que Israel possui uma *religião viva*. O segundo aspecto trata do elemento essencial do culto, que não se restringe aos ritos religiosos, mas está no dom da *graça* divina, cuja mediação *sine qua non* é a liturgia sagrada, e não mero ritual religioso. Daí receberem especial destaque o culto sacrifical e a instituição do sacerdócio, pois compete exclusivamente aos sacerdotes oficiantes no Templo oferecer o sacrifício de ratificação da *Aliança* sagrada. Na verdade, é um caso raro na história dos povos da Antiguidade que, após a extinção da liderança, das estruturas nacionais e da deportação dos habitantes, um povo tivesse sido restaurado e sua integridade territorial fosse novamente reconhecida pelos povos vizinhos. Para os israelitas era de fundamental importância recuperar as sagradas instituições do Povo Eleito, para que os fiéis dentro e fora do país pudessem comprovar que de fato eles estavam vivendo sob a *Eleição* divina e a *Aliança* sagrada. Tanto os livros das Crônicas como os livros de Esdras e Neemias captam sua mensagem espiritual e transmitem uma espiritualidade de vibrante e alegre piedade para com Deus[6].

Livros sapienciais

A perspectiva pastoral, que cada um dos livros sapienciais[7] oferece à reflexão da comunidade de fé, corresponde ao objetivo primário para o qual o respectivo livro foi escrito. Dada a diversidade de setores e de ambientes nos quais se empenham grupos de fiéis que se aprofundam comunitariamente na experiência da fé, não se pode encarecer demais a importância do estudo destes sagrados livros para que os esforços humanos se inspirem na mensagem de *espiritualidade* e possam dar frutos de salvação. Pois a vivência e o testemunho de fé da tradição bíblica são fruto do Espírito, que continua despertando uma resposta convicta para o engajamento pessoal nas tarefas eclesiais[8].

6 Cf. John C. Endres, The Spiritual Vision of Chronicles: Whole-hearted, Joy-filled Worship of God, *The Catholic Biblical Quarterly*, v. 69, n. 1 (jan. 2007) 1-21.

7 Devido a afinidades estilísticas e temáticas, alguns livros sapienciais foram associados aos livros proféticos, por exemplo Lamentações, Daniel, Jonas, ou aos livros históricos, por exemplo 1–2 Macabeus.

8 A explicação da ausência de uma literatura sapiencial no NT deve-se ao fato de a ação do Espírito ter sido operante no período do AT e de a pastoral da comunidade soteriológica do AT corresponder à comunidade cristológica do NT, que tem a assessoria do Cristo Ressuscitado.

A dimensão experiencial e comunitária da espiritualidade mais beneficiada foi a atividade pastoral dos grupos de fiéis. Os autores sapienciais redigiram obras de valor inestimável sobre uma espiritualidade operante que assume o compromisso social decorrente do amor fraterno.

Livro de Jó

O livro de Jó trata da "pastoral dos enfermos", imbuída da espiritualidade de solidariedade entre os fiéis e os enfermos. É uma espiritualidade que nos leva até Deus através dos questionamentos existenciais do valor da vida de um enfermo ou deficiente físico, e faz do encontro com Deus na oração confiante uma contribuição de valor inestimável pelo acréscimo da dor pessoal à prece a Deus como Salvador, adquirindo assim uma dimensão salvífica, que no NT se explicita pela união com Cristo, o Redentor, na comunidade dos fiéis. É significativo também o fato de que a exposição da miséria humana, como apelo eloquente da criatura diante do Criador, não brote dos lábios de um profeta ou levita no culto, mas de um leigo, pois os queixumes angustiantes do próprio sofredor expressam a opção pela confiança em Deus contra o desespero, a revolta ou a resignação fatalista[9]. Além disso, a figura de Jó não tem paralelo em toda a Bíblia, pois ele representa um israelita que, fora da pátria, a Terra Prometida, e longe do Templo, em Jerusalém, continua fiel em sua vivência da fé nos lugares mais inóspitos (o monturo do lixão da cidade), onde se pensava até então que Deus não se importasse com os excluídos da sociedade[10].

Livro dos Provérbios

O livro dos Provérbios é uma coletânea de máximas destinadas, diríamos, à "pastoral da família". Sendo a família a célula-mãe da sociedade, as atitudes dos pais e dos filhos têm uma repercussão no convívio humano não só no lar, mas também em público. A composição poética dessas máximas é proposital, pois era costume na cultura semita expressar em poesia dados importantes para a existência humana. Tinham também finalidade didática para fins de

Concretamente, significa que a ação de Cristo não é uma recordação de um evento do passado, mas a atualização de sua intervenção atual por meio dos sacramentos e da pastoral eclesial.

9 Convém distinguir a virtude de resignação por motivo religioso da atitude de resignação fatalista. Esta implica uma inércia espiritual, acompanhada de um comportamento de esquiva e fuga, eximindo-se de todo e qualquer esforço para iniciar projetos. Em vez de responder positivamente aos desafios para buscar saídas de situações sofridas, o indivíduo cai no conformismo e alega, como subterfúgio, que sua atitude é de entrega total à vontade de Deus.

10 L. Stadelmann, *Itinerário espiritual de Jó*. Tradução e comentário do Livro de Jó, São Paulo, Loyola, 1997; este livro destina-se à reflexão sobre as atividades da Pastoral dos Enfermos.

memorização e aprendizagem dos educandos. Outrossim, era preciso comprovar a validade dos provérbios por meio do ensino na escola e da assimilação no lar com a ajuda dos pais. Quanto ao teor desses provérbios, à primeira vista parecem ser uma variadíssima mescla de assuntos, mas na verdade são coletâneas de sentenças poéticas que inculcam instruções referentes a duas áreas da vivência humana: na comunidade de fé e na comunidade ética. À luz de uma espiritualidade que valoriza essa vivência da fé, é de notar que se evita o tom erudito e moralizante, priorizando sobretudo os ensinamentos que orientam para a dimensão do transcendente, por inspiração do Espírito.

Livro do Eclesiastes

O livro do Eclesiastes mergulha fundo no sentido da vida e pode hoje dizer respeito à "pastoral dos universitários". O enfoque da temática, a estrutura literária e a perspectiva teológica são elementos determinantes para situar este livro bíblico no contexto das antigas instituições de ensino superior. O livro inteiro tem um único tópico, a saber, a questão do que seja a felicidade humana e quais suas condições necessárias[11]. Este tópico é desenvolvido segundo as quatro partes da oratória clássica: "apresentação" (*propositio*: 1,3–3,22); "explicação" (*explicatio*: 4,1–6,9); "defesa" (*refutatio*: 6,10–8,17); "aplicação" (*applicatio*: 9,1–12,7). A perspectiva teológica é explicitada pelos dados da experiência humana e da revelação divina, referindo-se à felicidade que não pode ser encontrada sem Deus (2,24-26). Com base nessa perspectiva, o autor bíblico leva em conta os temas relevantes ao tempo (3,1-9)[12], Deus e eternidade (3,10-15), e a vida humana diante da morte (3,16-22), só para citar alguns. Um olhar mais atento descobre aí uma espiritualidade como opção fundamental e horizonte significativo da existência, porque nela aflora o valor da liberdade em sua tríplice relação: a relação do homem com o mundo material e científico (ciências naturais), a relação com a convivência humana (antropologia e sociologia) e a relação com Deus (teologia).

11 Cf. Ludger Schwienhorst-Schönberger (trad. e coment.), *Kohelet*, Freiburg/Basel/Wien, Herder, 2004, 572 p. Este comentário é uma obra fundamental da exegese bíblica, pois aborda o livro de Coélet numa visão de conjunto em todas as suas partes sem apelar para estruturas literárias baseadas em conjecturas.

12 O tema sobre o "tempo" é abordado por Santo Tomás na *Suma teológica* do ponto de vista das "Vicissitudes do presente" (ST 2ª2ª, q. 55, a. 7), respondendo à questão "Se devemos ser solícitos pelo futuro". A resposta é formulada como um silogismo: É dever de cada um desempenhar tarefas inadiáveis. Ora, não há outra chance para desempenhar a tarefa que não foi realizada no devido tempo. Lição: o dom da Sabedoria ajuda a acertar com o tempo apropriado para realizar o dever.

CÂNTICO DOS CÂNTICOS

O Cântico dos Cânticos aborda, em linguagem simbólica, a coesão social do Povo de Deus. *Tema central*: as aspirações nacionalistas e a esperança na restauração do Estado judaico, que o retorno dos judeus exilados da Babilônia reavivou entre os habitantes de Judá, não são, porém, os fatores decisivos que levaram o autor a escrever o Cântico, mas sim o vivo interesse pela restauração do Povo de Deus. Tratava-se de reconstruir a comunidade de fé do Povo Eleito, preservando-o da divisão em grupos antagônicos e da fragmentação em seitas. Para conseguir isso, era preciso reconstituir o tecido social, nele incorporando judeus abastados da Babilônia[13] e desafortunados da Palestina, marginalizados e privilegiados numa sociedade solidária que cultivava as mesmas tradições históricas e religiosas da fé javista.

Entretanto, a estrutura comunitária era insuficiente. Era necessário um princípio orientador. Por isso os habitantes de Judá ansiavam pela restauração da monarquia, cujo representante era o Salomão do Cântico[14]. A colaboração na promoção do bem comum entre a monarquia e a população (representada pela Sulamita) é descrita como associação e amor entre Salomão e a Sulamita.

Sentido do amor: o autor formulou o tema do "amor" não na linguagem poética de um romantismo intimista, mas na terminologia jurídica dos tratados políticos da Antiguidade. Uma dessas palavras é "amor", usado como sinônimo de *Aliança* social e política entre Estados, reis e grupos sociais, quando formalizada por acordo escrito[15]. Por conseguinte, as expressões de amor da Sulamita por Salomão designam a *Aliança* política entre o rei e o povo. Os gestos de apreço mútuo — beijos, abraços, recepção em casa, refeições em comum — têm significado de ritos simbólicos da *Aliança*, como manifestação não verbal da pertença mútua[16].

O conteúdo temático é meticulosamente desenvolvido, em todos os seus aspectos, para instruir os iniciados no plano de ação, cuja implemen-

13 No Livro de Esdras consta o inventário dos bens que os judeus repatriados trouxeram da Babilônia: 30 taças de ouro, 1.029 taças de prata, 30 cálices de ouro, 410 cálices de prata, 1.000 objetos diversos de grande preciosidade, num total de 5.400 objetos de ouro e prata (Esd 1,9-11).

14 As promessas de restauração do Povo Eleito estão vinculadas à casa davídica e exprimem a esperança de um novo reino, como o de Davi (Ez 37,15-28).

15 W. L. MORAN, The Ancient Near Eastern Background of the Love of God in Deuteronomy, *CBQ* 25 (1963) 77-87.

16 A interpretação do "amor" como sentimento de afeição entre namorados está baseada na hipótese de tratar-se no Cântico dos Cânticos de meros poemas de amor como alegoria de um amor idealizado. Daí que os livros sapienciais seriam de fato textos de reflexão para as atividades pastorais, atribuindo-se, porém, ao Cântico dos Cânticos o papel de inspiração para os participantes do "Curso de noivos". Nesta hipótese não se interpreta o livro de Tobias como roteiro para o "Curso de noivos". Na verdade, na interpretação do Cântico dos Cânticos confrontam-se duas opções do comentarista: ou o romantismo entre namorados ou a coesão social dos grupos de fiéis do Povo Eleito.

tação fica condicionada à conjugação da participação dos líderes e da racionalização eficiente, em meio às vicissitudes conjunturais da história de Israel na época persa.

Coesão social: o comentário sobre o Cântico dos Cânticos, ao analisar o texto na perspectiva da coesão de grupos sociais na monarquia restaurada na Judeia, procura refletir sobre os desafios que indivíduos e culturas devem enfrentar para formar sua identidade social, identidade que só alcançarão quando conseguirem transcender suas particularidades, forjar uma nova coesão e chegar a uma percepção mais clara e precisa do plano divino a respeito da comunhão de todos os homens no Reino de Deus. O leitor que entra em sintonia com o autor, uma voz imortal das mais empolgantes que já exaltaram a *coesão social*, vai sentir empatia com um poeta "engajado" na reflexão sobre a coesão entre os grupos que integram a comunidade de fé. A mensagem espiritual desse livro é a necessidade primordial de cada comunidade de fé de encontrar a si mesma no contexto das relações sociais abrangendo todos os grupos humanos sem exclusivismos e antagonismos.

Livro do Eclesiástico (ou Sirácida)

O livro do Eclesiástico fornece subsídios para a catequese dos adultos. Trata-se de inculcar os princípios da religião bíblica, cuja vitalidade brota da ação do Espírito. Sua presença atuante é acessível à nossa inteligência, iluminada pela luz de Deus que a "sabedoria" divina projeta sobre as faculdades intelectiva e volitiva dos seres humanos. A característica marcante da espiritualidade desse livro é a persistência das dimensões personalista, experiencial, histórica, libertadora e comunitária. Outrossim, a insistência nas estruturas religiosas, de instituição divina, em vigor na comunidade dos fiéis visa contrastar a prática da fé sem religião ou a substituição das instituições por movimentos de religiosidade agregando grupos humanos de temperamentos afins e preferências semelhantes. É de notar também a busca de respaldo da espiritualidade bíblica nas tradições autênticas do AT, cuja continuidade se encontra na história da salvação.

Livro da Sabedoria

O livro da Sabedoria aprofunda a "pastoral da catequese dos jovens". A finalidade do livro é desenvolver o conceito de "sabedoria". É um objetivo muito abrangente, que implica desenvolver seu conteúdo conceitual, explicando a "sabedoria" como mediação do sentido da revelação divina quanto ao desígnio salvífico de Deus para a humanidade. O livro dá pistas seguras para descobrir a felicidade humana em sua relação com a salvação que se realiza na vida pessoal e comunitária, como dom gratuito de Deus, que, por caminhos imprevisíveis, guia as vicissitudes históricas para metas eternas. A incumbência da espiritualidade consiste em perscrutar a experiência sapiencial do Povo Eleito ao longo da história, para captar sua mensagem espiritual, consolidando a fé dos fiéis.

LIVRO DE RUTE

O livro de Rute tem como tema a "pastoral dos refugiados". Trata-se de uma atividade pastoral que prioriza o atendimento sociorreligioso dos fiéis de comunidades da fé javista, mas acolhe também pessoas de convicções religiosas e práticas tradicionais adquiridas em outros países[17]. Destarte, a "pastoral de refugiados" não se identifica com a obra de assistência social aos imigrantes, mas se dedica à atividade de integração sociorreligiosa de novos membros na comunidade de fé, sem discriminação racial, religiosa ou econômica. Compete aos agentes de pastoral levar os imigrantes a abraçar a fé de Israel e adotar os costumes israelitas.

LIVRO DE JUDITE

O livro de Judite ilustra a "pastoral dos fiéis em ambiente hostil". O autor bíblico usa o gênero literário da novela histórica para dramatizar o princípio da espiritualidade: a fidelidade do justo é submetida à provação (Eclo 2,1). Quem personifica o povo judeu é Judite (*yĕhûdît*), como figura representativa desse povo. Não se trata de exaltar o movimento feminista para contrabalançar os protagonistas masculinos na Bíblia, mas de ressaltar a iniciativa heroica de uma dona de casa num momento de perigo de sobrevivência do povo. É notável o tipo de espiritualidade libertadora que aí transparece, mediante o emprego dos meios mais eficazes para alcançar seu objetivo com a ajuda de Deus.

LIVRO DE ESTER

O livro de Ester valoriza a instituição da festa de "Purim", celebrada em época tardia da história de Israel para a comemoração da libertação dos judeus da Pérsia. É notável o apreço da comunidade pela iniciativa de um grupo de leigos da diáspora entre os quais surgiu o movimento de atualiza-

17 Cf. Mark S. SMITH, Your People shall be my People: Family and Covenant in Ruth 1:16-17, *The Catholic Biblical Quarterly*, v. 69, n. 2 (abr. 2007) 242-258.

ção da obra de salvação divina em prol do Povo Eleito. O tema em pauta é a intervenção de JAVÉ na história, como Autor da *Aliança* sagrada com o Povo Eleito, operando em seu favor. Em relação à espiritualidade bíblica, tem ressonância na alma dos fiéis o espírito festivo de todos ao celebrarem os gestos salvadores de Deus, que atualiza no presente a salvação do seu povo.

LIVRO DE TOBIAS

O livro de Tobias oferece subsídios para a formação dos agentes do "Curso de noivos" daqueles tempos. Os personagens têm o papel de dramatizar um ensinamento vital para os noivos e suas famílias. A figura do anjo Rafael personifica a providência divina exercendo o patrocínio sobre duas famílias judaicas, cujos dias transcorriam felizes e tristes em meio às mais diversas circunstâncias de alegria e dor, ventura e desventura. O que se quer mostrar ao jovem Tobias não é propriamente a solicitude de Deus para com seus fiéis em aflição, mas a maneira de exercê-la em meio às provações, valendo-se do que parece ser uma sucessão de casualidades em função de um desígnio preestabelecido, de um segredo que só no fim será revelado. A resposta celeste a Tobit e Sara (3,16-17), por uma parte, a revelação de Rafael (12,11-15), por outra, constituem os dois polos da narrativa. Temas especiais do "Curso de noivos" são a atração mútua e o amor de um pelo outro, os meios de sustento da nova família, o lugar de moradia, informação sobre doenças hereditárias, os laços de parentesco entre famílias, a prática de religião em família, obras de caridade pelos necessitados. A espiritualidade que aí aparece é do tipo participativo, tal como é vivida pelos velhos pais e almejada pelo jovem casal.

LIVRO DE JONAS

Entre os temas da espiritualidade encontramos também o da conversão contínua. Não somente para purificar-se do estado pecaminoso, mas também para progredir na via de ascese. É esse o objetivo da atividade da "pastoral de conversão" no livro de Jonas, que previne contra o desvirtuamento do progresso espiritual por causa de ressentimento, amargura, mágoa e ódio alojado no coração humano. Na tradição popular de Israel procurava-se justificar o sentimento de vingança ao evocar a perseguição aos judeus pelos assírios, o povo mais belicoso da história, por ter dizimado o Povo Eleito eliminando dez das doze tribos israelitas, por ocasião da conquista do Reino do Norte de Israel em 722 a.C. Mas este ódio não se justificava de forma alguma, embora os judeus procurassem projetar o sentimento de vingança para Javé, prestes a exterminar os ninivitas, quando pelo contrário foi Ele que manifestou sua misericórdia ao enviar o profeta Jonas para pregar a conversão dos habitantes de Nínive, a capital do Reino Assírio[18].

A espiritualidade do Novo Testamento

Os temas de espiritualidade abordados no NT tratam da experiência cristã no âmbito da piedade coletiva e da devoção individual. Ressaltam a vida interior da comunidade litúrgica, assim como a de pessoas particulares, e levam em conta atitudes que expressam estados de alma em circunstâncias especiais. A espiritualidade cristã acompanha o itinerário dos fiéis, em suas variáveis históricas, desde o seu início, através de práticas de ascese, até a vida contemplativa, rumo à perfeição. Estágios da ascensão a Deus são a comunicação dos dons do Espírito e a sucessiva reorganização das motivações da ação humana, que tanto mais será sustentada pela graça quanto mais a pessoa aceitar o compromisso de assumir sua missão na vida, inserida na comunidade de fé, a serviço do Reino de Deus.

A espiritualidade dos Sinóticos

A ideia central do ensino de Jesus nos evangelhos sinóticos é a do *Reino de Deus*. Para entendermos a espiritualidade derivada dessa ideia, expomos a *natureza* do Reino de Deus, sua *constituição* e as *condições* para nele entrar.

A premissa necessária dessa ideia é a integração das comunidades cristãs num organismo mais amplo para criar uma sociedade verdadeiramente participativa e fraterna por iniciativa de Deus e colaboração humana. Já no AT se identificou o domínio de Deus sobre o seu povo vinculado a Ele pelos laços de amizade e ratificado pela *Aliança* sagrada. Entretanto, o que se entende por *Reino de Deus* não pode ser deduzido das passagens do AT referentes ao *"Reinado de Javé"*[19], porque elas se concentram no atributo de Deus como Soberano do mundo. Embora tanto uma como a outra dessas expressões estejam baseadas na concepção do domínio de Deus, todavia distinguem-se entre si pelo modo de sua realização, pois o *Reinado de Javé* manifesta a atuação

18 O livro de Jonas representa o caso único de um profeta de Israel ser enviado aos pagãos. O objetivo do livro é ensinar a necessidade da conversão moral de quem quer que seja como pré-requisito do progresso espiritual, cuja validade se estende aos seguidores de qualquer religião.

19 O significado da expressão "Reinado de Javé" tem sua explicação na temática desenvolvida nos "Hinos ao Reinado de Javé" (Sl 47; 93; 96; 97; 98; 99). Esses hinos foram chamados também de "Salmos de entronização".

divina através dos meios de mediação salvífica do AT, ao passo que o *Reino de Deus* se concretiza no NT por meio da dupla ação do Cristo Ressuscitado e do Espírito Santo.

A partir da temática do *Reinado de Javé* no AT ampliou-se a perspectiva de sua atuação desde o povo de Israel até outros povos. Mas essa concepção religiosa não deu origem à concepção de uma hegemonia da religião israelita, mas comprovou a tese da mediação de suas instituições em benefício das demais. Daí que se visava valorizar a ideia de Deus como rei, como soberano do mundo e não apenas como Deus tutelar de um povo com pretensão de domínio sobre os povos vizinhos. Nisso se manifestam os desígnios de Deus de ir ao encontro das aspirações dos povos à prosperidade e à paz.

A identificação do *Reinado de Javé* à luz da teologia do AT focaliza a concepção da Realeza de Javé em termos de transcendência divina que ultrapassa a soberania dos deuses tutelares como soberanos dos respectivos povos do mundo pagão. É de notar que a perspectiva de dimensão mundial do domínio de Deus no mundo, principalmente no âmbito da história da salvação, já foi amplamente desenvolvida no AT. Todavia, o que precisava ser enfatizado no NT era o serviço de mediação dos fiéis em termos de colaboração na obra de redenção que Cristo realizou e que continua operante por meio da Igreja em união com a ação do Espírito Santo. Na pregação de Jesus é frequente a insistência na "justiça do reino", o que para nós parece estranho, pois seria mais lógico que se insistisse na solidariedade entre os cidadãos do Reino de Deus. É de notar, porém, que na Bíblia "justiça" não se restringe à área legal, mas refere-se antes de tudo à justiça de Deus, criativa e salvadora. Em vista das múltiplas exigências que entram no jogo, ressaltam as normas para a convivência, visando-se à *fraternidade* entre os fiéis da comunidade de fé, com conotação de *solidariedade* para com os cidadãos do âmbito civil.

Em vista da colaboração na obra da redenção de Cristo, todas as pessoas estão convidadas a "entrar no Reino de Deus", abraçando os princípios de fé que as comunidades cristãs vivenciam e manifestam no mundo. É no contexto das realidades terrenas que se percebe de forma mais nítida a incidência da motivação religiosa dos fiéis da comunidade cristã, com o fito de configurar os diversos setores da atividade humana no mundo não exclusivamente pela razão, sob pena de tornar-se irracional, mas pela plenitude de luz e de energia que advêm ao homem pela conjunção da natureza e da ação divina nele. Nestas condições, pode-se dizer que os homens engajados nas atividades profissionais realizam obras sob inspiração da graça de Cristo. Os setores de maior impacto no mundo são os que estão movidos pela influência que se estende à totalidade da existência e a todos os homens, beneficiando-se dessa inspiração, não ao lado de sua função e de sua vida, mas como fonte de inspiração e de convicção para todo o seu agir. É o que se pode perceber no mundo do trabalho e do comércio, da indústria e da agricultura, das artes e das ciências, da cultura e dos meios de comunicação, das vias de transporte por terra, ar e mar, e do intercâmbio das conquistas da ciência e da tecnologia e do autêntico humanismo com o intuito de encorajar a relação das pessoas entre si e com a natureza em tempos de globalização.

Numa visão antropocêntrica do mundo, todas as relações humanas revestem-se de uma dimensão desprovida de qualquer determinismo do objeto e atingem a liberdade do sujeito, que então pode optar por relacionar-se, em três níveis inseparáveis, com o mundo, com o próximo e com Deus. O segredo está em discernir, no âmbito de sua existência, a realidade do espírito no homem e que está presente no contexto humano, principalmente nas comunidades de fé, onde o próprio Cristo preconizou que o Reino de Deus "está no meio de vós" (Lc 17,21). Trata-se de uma irradiação dos princípios de fé e moral na vivência humana e não apenas da interiorização mental de ideias genéricas e abstratas sobre Deus e sua relação com cada indivíduo, pois o que se visa é à assimilação da vivência cristã da fé para orientar a vontade, o intelecto, as afeições e os sentimentos das pessoas. Na prática, o que se tem em vista é propor a exemplaridade dos gestos de doação realizados por Cristo para que as pessoas assumam com docilidade as virtudes fundamentais de Cristo, a fim de ficarem impregnadas todas as dimensões conscientes e inconscientes, instintivas e volitivas, racionais e afetivas. Está implicado também o processo do engajamento pessoal e comunitário, com início no estágio incoativo até chegar à participação integral.

Um olhar de conjunto sobre todos os dados do ensinamento de Cristo sobre o Reino de Deus leva à conclusão de que se trata de uma *realidade meta-histórica*[20]. Sua meta é conduzir as comunidades locais à plenitude, mediante a obra missionária no meio do mundo secularizado. Esse reino se torna cada vez mais manifesto onde há uma comunidade cristã cuja vivência da fé irradia como mensagem da salvação a um mundo muitas vezes obcecado pelo obscurantismo e desesperançado de uma vida como dom de Deus.

A súplica do Pai-nosso: "Venha a nós o vosso Reino!", pede que o Reino de Deus inclua sobretudo a comunidade local, para que da colaboração comunitária resulte sua implantação na história. Com essa súplica surge uma visão mais ampla na vida espiritual, despojada de sua particularidade individual e orientada para o plano universal. Pede-se que o domínio de

20 O significado de uma *realidade meta-histórica* tem duplo aspecto: trata-se de uma realidade que se acha presente e operante, mas que tem alcance transcendente. Destarte, os elementos contingentes do contexto terrestre estão essencialmente ordenados à sua plenitude do âmbito sobrenatural.

Deus sobre a humanidade redimida vá crescendo no mundo, à medida que aumenta o número de fiéis, até a consumação dos séculos. Entretanto, poderia parecer que o fator decisivo dessa expansão dependesse do aumento numérico de comunidades cristãs, quando na realidade o fator marcante é o conjunto de fiéis como portadores de dons salvíficos para o mundo[21].

A espiritualidade de São Paulo

O ponto central do ensinamento de São Paulo sobre a mensagem do cristianismo para toda a humanidade é a herança da tradição religiosa do AT cuja transmissão para a posteridade fica a cargo da religião cristã, e não do judaísmo ou de quaisquer movimentos de religiosidade, sejam eles o sectarismo de Qumrân, os essênios, os ebionitas ou os terapeutas, cuja espiritualidade se restringia aos respectivos grupos de seguidores.

Esses movimentos não traziam uma inovação e nem mesmo se notabilizavam pela conscientização sobre a missão do judaísmo de promover um amplo diálogo com os diversos setores da sociedade com o intuito de difundir a mensagem bíblica no período intertestamentário. Tinham por objetivo transmitir tão somente um conjunto de convicções e práticas religiosas a seus seguidores para preservá-las do esquecimento[22]. Bem diferente é a abordagem dos temas teológicos e pastorais de Paulo apóstolo, cujos ensinamentos não são intuições nascidas num ambiente de profunda paz nem reflexões teológicas, mas reações exigidas por situações concretas nas comunidades cristãs. Seus escritos são cartas e instruções dirigidas concretamente a determinadas questões e certos questionamentos, ou respostas a problemas surgidos no contexto eclesial da Igreja nascente.

O agente da atuação de Deus na história é a pessoa de Jesus Cristo, o Mediador que Deus Pai instituiu para realizar a obra da *salvação* e *santificação* de toda a humanidade. É de notar que São Paulo usa dois termos para fins de ênfase: "salvação" e "santificação", significando o *desígnio salvífico e santificador de Deus*.

21 Surge a pergunta sobre a função dos líderes de seitas religiosas como possíveis portadores de dons salvíficos para o mundo. A resposta que se propõe é que esses pregadores têm boa chance de sê-lo para a clientela de seu respectivo movimento, porém sem alcance para outros ambientes devido ao exclusivismo desses grupos.

22 O legado cultural do judaísmo antigo encontra-se nas seguintes obras: a) *Talmud* (exposição das práticas e dos costumes da religião judaica); b) *Mishnah* e *Tosefta* (tratam das instruções mosaicas): a *Mishnah* e a *Guemara* constituem o *Talmud*; c) *Midrash* (comentário atualizante das narrativas do AT); d) *Pesher* (comentário atualizante dos textos proféticos do AT); e) *Haggadah* (comentário atualizante dos textos litúrgicos do AT); f) *Halakah* (comentário atualizante dos textos legislativos do Pentateuco).

Nesse ponto surge um confronto entre duas posições diametralmente opostas: o judaísmo rejeita, por princípio, que o Povo Eleito precise de um Mediador para entrar em contato com Javé, já que está vinculado a Ele pela *Aliança* sagrada; por outro lado, o cristianismo abraça a fé em Cristo como Mediador, o centro da revelação divina. Esse Mediador exerce o papel de Intercessor que leva nossas preces ao Deus Altíssimo e na função de Redentor traz os dons salvíficos como sinais da benevolência divina. Portanto, aceitar a fé em Deus implica aceitar a mediação imprescindível que Ele nos oferece em seu Filho. Destarte, quem rejeita essa mediação opta pelos meios de salvação e santificação que outros movimentos de religiosidade propõem, como por exemplo o judaísmo em suas várias facções: fariseus, saduceus, essênios, herodianos etc.

A objeção contundente do judaísmo contra o cristianismo é a morte cruenta de Cristo, pois a figura de Messias-Mártir seria prova irrefutável de que Deus Pai rejeita esse tipo de mediador. A figura do Messias em voga entre os judeus é do tipo transcendente alheio a todo sofrimento e distante da humanidade sofrida. Nesse ponto de controvérsia teve influência decisiva o apóstolo Paulo, que inculcava de modo incansável que a morte de Cristo é salvífica para toda a humanidade, e não meramente o fim biológico de sua vida na Terra. Trata-se do resgate dos pecadores da condenação eterna, resultando na *salvação* por meio dos méritos da obra de redenção de Cristo e que Deus Pai aplica aos pecadores arrependidos[23]. Sem a morte salvífica de Cristo não há salvação para a humanidade: "não há remissão sem efusão de sangue", *sine effusione sanguinis non fit remissio* (Hb 9,22). Além disso, esses méritos são fonte de enriquecimento de dons sobrenaturais em benefício dos fiéis, fazendo-os crescer no estado de *santificação* até chegar à plenitude.

A contribuição de São Paulo à soteriologia é a ênfase no enriquecimento com dons sobrenaturais, após o estágio doloroso do processo de purificação da concupiscência do "homem velho", passando para o estado do "homem novo" (cf. Rm 6,4; Ef 4,24). O fator decisivo nesse esforço de aperfeiçoamento espiritual e moral é o papel da comunidade cristã, cujos sacramentos do *Batismo* e da *Eucaristia* são meios indispensáveis à regeneração sobrenatural dos redimidos do Povo de Deus. Os fiéis da comunidade cristã estão engajados na obra de santificação *ad intra* e na obra missionária *ad extra* por ação de Cristo Ressuscitado e pela ação do Espírito Santo. Em breves palavras, o destino da ação de Deus no mundo está ligado ao destino do cristianismo.

23 O termo característico que designa a reabilitação do pecador ao estado de graça é "justificação", de cunho Paulino. Com esse termo indica-se o fruto da redenção da obra de Cristo, aplicado por Deus ao ser humano, que então passa do estado de pecado original e da situação de iniquidade ao reino da graça santificante.

Assim, pois, não difere substancialmente da dos sinóticos a espiritualidade de São Paulo: despojar-se do homem velho é praticar a renúncia à concupiscência da natureza humana; e revestir-se do homem novo pelo *Batismo* é unir-se a Jesus Cristo pela *Eucaristia* e por ele a Deus, é amar a Deus e ao próximo.

A espiritualidade de São João

Nos escritos de São João[24] já não predominam nem a ideia do Reino, nem a do desígnio salvífico e santificador de Deus sobre o homem, mas a da *união com Deus*. São João faz-nos conhecer *a vida interior de Deus*, do *Verbo Encarnado*, e *a espiritualidade cristã*[25].

A apresentação dos temas de fundo consiste numa cristologia mais extensa sem enveredar em elucubrações espiritualizantes com base no desdobramento de determinadas temáticas. A forma literária é a exposição em estilo de Prólogo do Evangelho de São João[26]. Logo de início, a pessoa de Cristo entra em cena, aparecendo como Portador da palavra da Deus, comunicando-nos a *vida* divina, a *luz* divina, e o *amor* divino, fomentando a espiritualidade da união com Deus.

O Verbo na presença de Deus (Jo 1,1-2)

1 No princípio era o Verbo,
e o Verbo está junto de Deus,
e o Verbo era Deus.
2 Ele estava, no princípio, junto de Deus.

A preexistência do Verbo (em grego *Lógos*) é definida em relação ao "princípio". O *Lógos* não é mera ideia da mente criativa de Deus, mas é a expressão da essência divina na forma da pessoa do Verbo, através do qual Deus se autocomunica na vida trinitária e na obra da criação, bem como na história da humanidade. Ora, a maneira característica de a pessoa se expressar é pela "palavra", que se atualiza no ato da fala e contém um objeto de comunicação. A relação entre o Verbo e Deus, na vida trinitária, consiste na união íntima

24 Os escritos joaninos abrangem o evangelho de São João, as três cartas joaninas e o livro do Apocalipse.

25 A vivência religiosa é sempre, simultaneamente, ato individual e ato comunitário; assim, a frase *unus christianus, nullus christianus* — um só cristão não representa o cristianismo — aplica-se, em sentido amplo, a todas as religiões. Cf. M. Scheler, *Vom Ewigen im Menschen*, Berlin, Der Neue Geist Verlag, 1933, espec. Parte II, cap. 6, 557 (a sua teoria do ato religioso).

26 Este hino litúrgico foi inserido no evangelho de São João à guisa de "Prólogo" de todo o livro. Alguns versículos são acréscimos redacionais a título de amplificação temática e interpolação explicativa, como por exemplo: versículos 6-8; 9; 12b-13; 15; 17-18.

sem ser absorvido, no sentido de identidade da natureza divina, mesmo havendo uma distinção real entre as pessoas do Pai e do Filho. Ora, a união entre as pessoas divinas não é uma imanência rígida de Deus, mas é relacionada e participativa na doação em profusão de *amor*, porque o amor é a essência mais íntima de Deus (1Jo 4,8.16). Esse amor não é mera propriedade qualificativa da divindade, mas é constitutiva da plenitude de vida em Deus como comunidade de vida do Pai, do Filho e do Espírito Santo, que consolida esse amor por meio de uma hipóstase real na terceira pessoa da Trindade. A eternidade do Verbo é da essência da divindade e antecede o tempo da criação.

O Verbo na criação (Jo 1,3-5)

3 Tudo foi feito por ele
e sem ele nada foi feito de quanto existe.
4 Nele estava a vida
e a vida era a luz dos homens.
5 E a luz brilha nas trevas,
mas as trevas não a reconheceram.

Ao *Logos* é atribuído o papel de causa eficiente na obra da criação. A origem do mundo é efeito da palavra criadora de Deus e não de uma matéria preexistente, seja como caos, seja como somatório de partículas cósmicas. A segunda afirmação sobre a obra da criação é formulada em termos negativos: "*Sem ele nada foi feito de quanto existe*". Portanto, não se admite a coexistência de dois princípios irredutíveis, isto é, um dualismo do bem e do mal, da luz e das trevas, da vida e da morte, do espírito e da matéria, mas desde o princípio só existe Deus. Abre-se assim uma visão otimista do mundo. É o reconhecimento positivo de toda a realidade existente, havendo uma referência a Deus na existência de todas as criaturas; daí a possibilidade de remontar das coisas criadas às incriadas até divisar a Deus. O caminho para o encontro com Deus não é, pois, afastamento do mundo ou ruptura, mas um meio disponível para subir até o Criador. A relação do Verbo com a humanidade é expressa com o simbolismo da *vida* e da *luz*.

O Verbo na história (Jo 1,10-12)

10 O Verbo estava no mundo,
e o mundo foi feito por meio dele,
mas o mundo não o reconheceu.
11 Veio para o que era seu,
porém os seus não o acolheram.
12 Mas a todos que o acolheram,
deu-lhes o poder de se tornarem filhos de Deus.

O Verbo realiza a obra da redenção em prol da humanidade. O alcance da atividade visível e da história do Verbo encarnado estende-se a todos os indivíduos em âmbito mundial. São eles os destinatários da vida sobrenatural que lhes é conferida pelo Verbo Redentor. Sua obra de elevar os seres humanos ao estado de filhos adotivos de Deus é tão inovadora quanto a criação da raça humana pelo Criador, pois as origens da vida, tanto natural como sobrenatural, do homem remontam à intervenção divina. Desde a inserção do Verbo na história, entrando em contato com a situação do homem no mundo, surgiu na humanidade o desafio do acolhimento ou então da resistência ao *querigma*[27]. Os "seus" mencionados aqui são os conterrâneos de Cristo e seus contemporâneos que não aderiram à fé cristã.

O Verbo na comunidade cristã (Jo 1,14.16)

14 E o Verbo se fez carne,
e habitou entre nós;
e nós contemplamos a sua glória,
glória que recebe do Pai como Filho unigênito,
cheio de graça e verdade. [...]
16 De sua plenitude todos nós recebemos,
graça sobre graça.

O Verbo assume uma existência histórica, participando dos grupos sociais, inicialmente muito pequenos, isto é, a família, o clã, a tribo, e depois sempre maiores: povo, nação, país. Daí que o Verbo, ao fazer-se carne, ficou inserido no tecido social do seu povo, o povo israelita. A relevância desse evento é o fato de Deus se autocomunicar concretamente. Isso se explica no contexto da história da salvação, confrontando-se assim a revelação histórica na Bíblia com a revelação cosmológica das religiões não bíblicas. Acresce a isto a relação com a comunidade cristã: "*habitando entre nós*", porque Jesus Cristo não quis ser um herói solitário, mas o Mestre no meio de seus discípulos. O motivo de os discípulos se tornarem ouvintes da Palavra de Deus não é satisfazer-lhes a curiosidade, mas se familiarizarem com os desígnios divinos para a humanidade. A expressão "*estabelecer a tenda*" evoca o itinerário de Jesus Cristo pelas regiões da Palestina, desde os povoados mais remotos até Jerusalém, a capital religiosa e política do país. No percurso do caminho havia frequentes contatos

27 A palavra grega *querigma*, em uso na religião cristã, designa "a proclamação da mensagem do Evangelho". Apresenta três características: a) acontecimento histórico (oposto a mitos): Encarnação, vida do Jesus histórico, a Páscoa (Jesus morto e ressuscitado); b) o personagem central é Cristo, que aparece não como herói solitário, mas como associado à comunidade de discípulos; c) a mensagem de salvação trata da obra de redenção em prol de toda a humanidade, realizada por Cristo, o Mediador e Senhor.

com os discípulos e diversos grupos sociais, a quem Jesus pregava a mensagem da salvação. Neste contexto situa-se o "seguimento" de Cristo, ao se associarem os ouvintes ao grupo dos discípulos. Esses eram as testemunhas oculares dos milagres, prodígios e sinais que comprovam a intervenção de Deus e manifestam a divindade do seu Filho. A "plenitude" dos bens espirituais está no Verbo Mediador, e nele só, como grandeza pessoal e também como tesouro em suas mãos para ser distribuído aos fiéis. No desempenho de sua função mediadora, o Verbo realiza a mediação de duas maneiras: por meio do movimento de cima para baixo, que procede do amor de Deus por nós, passando pelo coração humano de Jesus, e pelo movimento de baixo para cima, que parte do coração humano de Jesus, o Filho, em direção ao Pai.

O Verbo prefigurado no AT (1,17-18)

17 Pois a Lei foi dada por meio de Moisés,
a graça e a verdade vieram por meio de Jesus Cristo.
18 Ninguém jamais viu a Deus;
o Filho Unigênito, que é Deus e está na intimidade do Pai,
foi quem o deu a conhecer.

Especifica-se aqui a relação entre Deus e o Povo Eleito em termos de vinculação dos israelitas em comunidade de fé e comunidade ética, cuja vivência religiosa não é genérica, mas torna-se fé em Javé, que revelou a Moisés as normas da religião viva na liturgia e na vida pela Lei, a *Torá*. Essas normas são regras de salvação. Daí que a "verdade" supera a dimensão gnosiológica, pois se visa à verdade soteriológica; a "graça" salvífica tem eficácia garantida porque é de origem sobrenatural. Deus precisava do Povo Eleito do AT como mão direita em sua intervenção na História de Salvação, ao passo que o Povo de Deus do NT é sua mão esquerda que Ele utiliza hoje (Sl 90,17).

Deus é invisível, mas pela "voz da consciência" (Rm 1,18) e pelo ensinamento dos líderes religiosos sabemos que Deus é o Ser Absoluto Pessoal, e como Criador age no universo e sustenta a criação, sendo que sua presença atuante no mundo é benfazeja à humanidade (Rm 1,19-20). A preeminência do NT sobre o AT encontra-se na função do *Mediador* da salvação. Pois quem reza a Deus tem Cristo como Intercessor que leva as preces até a presença do Altíssimo, e como Redentor que traz os dons salvíficos para nós. Dizem os judeus que vão diretamente a Javé, mas se esquecem de que precisam de um Mediador, para que suas preces sejam ouvidas e os dons salvíficos sejam entregues aos fiéis.

A designação de Jesus Cristo na teologia como "Filho único" ou "Unigênito", ou então como "Filho amado" ou "Bem-Amado", em uso na espiritualidade, tem por finalidade sublinhar o caráter pessoal da Trindade como Pai,

Filho e Espírito Santo, e salientar a igualdade de pessoas, mas com a diferença de atribuições. Por meio do batismo os cristãos são espiritualmente "filhos adotivos" de Deus e "irmãos na fé".

"Ninguém viu a Deus, mas Ele se revelou através da figura humana de seu Filho" fazendo-nos participar da natureza divina (Sl 19,14), da ação divina (Sl 29,11) e da vida divina (Sl 8,6).

São João é, pois, o apóstolo da *vida em união com Deus*, no contexto da comunidade cristã. Embora os traços marcantes da espiritualidade sejam diferentes da dos sinóticos e de São Paulo, há uma convergência fundamental na ação conjunta de Cristo Ressuscitado e na ação do Espírito Santo, agentes decisivos da vivência da vida sobrenatural nas comunidades de fé. Assim como nos sinóticos e em São Paulo as abordagens refletem o desdobramento da vivência comunitária, da mesma forma encontra-se em São João a motivação da vitalidade espiritual do cristão na união com Deus.

Conclusão

Na espiritualidade bíblica, convergem em linhas concêntricas os dois princípios da *Eleição* divina e da *Aliança* sagrada, no AT e no NT. São esses os aspectos principais da autocomunicação de Deus, que elucidam quem Ele é, o que Ele faz e também manifestam os seus desígnios. A espiritualidade bíblica empresta um sentido altamente religioso à vivência da fé comunitária, que não se restringe a um padrão unificado, mas abre um leque de experiências do Espírito que guiam e interpretam a existência humana no plano dos acontecimentos e das vicissitudes em que o cristão e a comunidade se veem envolvidos. O traço marcante dessa experiência é a moção do Espírito que inspira a alma para tender à perfeição.

LITURGIA BÍBLICA II

Introdução

Observa-se também que à espiritualidade pertence a função de promover a experiência religiosa entre os fiéis por meio dos atos cultuais da Celebração Litúrgica na qual a adoração do Deus transcendente em seus símbolos, rituais, solenidades religiosas e dons sagrados se reconhecem os frutos do Espírito. As formas litúrgicas pertencem à estrutura institucional da religião bíblica e expressam a resposta humana à autorrevelação de Deus tornando o diálogo divino-humano salvífico no seio da comunidade de fé. Devido às mediações participadas entre os fiéis, a celebração da liturgia se enriquece com os dons do Espírito criando uma *religião viva* e despertando um dinamismo espiritual que leva a comunidade de fé a consolidar as duas colunas da religião bíblica: a *Eleição* divina e a *Aliança* sagrada. Em decorrência da liturgia bíblica, cada geração se encaminha da vivência da fé e à luz da tradição religiosa para o discernimento de opções e programas de ação para a vida no mundo.

SALMO 119 (118)
A Lei divina, fonte de bem-aventurança

Proêmio

O Salmo 119 é classificado entre os Salmos sapienciais que tratam de temas característicos também de outros livros bíblicos da literatura sapiencial e utilizam recursos literários de aplicação apropriada ao ensino e à exposição didática, de forma acessível, como assuntos de perene atualidade. A bem-aventurança é o estado de felicidade que resulta na vida dos fiéis agraciados com a dita de viver sob a *Eleição* divina e a *Aliança* sagrada. Com base nesses dois princípios constrói-se uma comunidade de fé e uma comunidade ética cujos membros assumem em comum acordo a responsabilidade de irradiar na vida humana a dignidade e o valor segundo as exigências da fé em Deus.

Felicidade na observância da lei divina

Primeira estrofe: ***Alef*** **(v. 1-8)**

1 Felizes os de conduta íntegra,
os que andam na lei do Senhor!
2 Felizes os que guardam suas prescrições
e o buscam de todo o coração;

3 e, sem cometer mal algum,
seguem seus caminhos.
4 Promulgaste teus preceitos,
para que sejam observados com diligência.
5 Oxalá se firme minha conduta,
para que eu observe teus decretos!
6 Então não terei de me envergonhar,
se ficar atento a todos os teus mandamentos.
7 Vou louvar-te com coração reto,
ao aprender tuas justas decisões.
8 Observarei os teus decretos:
não me abandones de todo!

Estrutura literária

1-3 I. Situação pessoal
4 II. Motivação: vontade de Deus
7 III. Adesão pessoal ao Deus da *Aliança*

Comentário

1-3 *A situação pessoal* do orante é descrita em termos de bem-aventurança, porque a convivência humana caracteriza-se por uma comunhão de vontades orientadas para Deus e comprometidas com o mesmo caminho, rumo à plenitude da vida. Na Bíblia prefere-se falar de "caminho" no sentido de religião para evitar o enfoque de considerações teóricas e "intuições humanas", já que se trata de ir ao encontro de Deus para ouvir dele o que ele nos fala na comunidade de fé. Na interpretação de determinados textos bíblicos sobre a vivência religiosa introduziu-se a praxe do uso do termo "caminho" como explicitação de um itinerário de fé. A vantagem desse tipo de linguagem é despertar o interesse do leitor para perceber a integração constante dos valores da religião na vida pessoal, atendendo-se ao ritmo de crescimento de cada um, desde a idade juvenil até a adolescência e a vida adulta. Designar, no entanto, o grupo social de bem-aventurado ou "feliz" por causa de sua conduta íntegra é intencional por parte do salmista, porque quer chamar a atenção do leitor para a organização do Povo Eleito como comunidade ética e comunidade de fé. São duas estruturas institucionalizadas em Israel desde a sua fundação.

A comunidade de fé tem sua origem no Egito, quando foi instituída a festa da Páscoa, o evento histórico da fundação do Povo Eleito. A comunidade ética surgiu e foi organizada no Sinai na festa de Pentecostes, quando as tribos israelitas tornaram-se o Povo da *Aliança*. Aos pés do Sinai é que o povo de Israel adquiriu sua identidade nacional baseada na Constituição inspirada na lei divina, sistematizada de acordo com o sistema religioso do Povo Eleito e entrelaçada com a história de Israel. Desde a fundação do Povo de Israel viu-se que havia a necessidade não apenas de uma política de liberdade, mas também de uma moralidade de liberdade. É que a liberdade é a meta política mais nobre do homem, e povo algum pode ser livre sem religião, pois ela cria e fortalece a noção do dever. Se os homens não se mantiverem íntegros por meio do dever, então deverão manter-se íntegros por meio do medo. Quanto mais forem mantidos por medo, tanto menos livres serão. Por isso, quanto maior for a força do dever, tanto maior será a liberdade. É esse o caminho do Êxodo para o Sinai ou, em outras palavras, da expressão "Eu posso" para "Eu devo".

4 *A motivação* para seguir o "caminho" está na vontade salvífica de Deus, revelada nos preceitos da sagrada *Aliança*, que assinalam claramente o modo de viver na intimidade da amizade divina no contexto da comunidade dos fiéis. Assumir a vontade de Deus revelada consiste em querer tudo o que ele nos comunica em forma de mandamentos e deveres de estado. As leis divinas são *regras de salvação* e não meros preceitos formais do âmbito moral, pois fazem parte das exigências da *Aliança* sagrada. A opção de assumir essas exigências requer que a pessoa disponha livremente sobre si mesma e que livremente acolha e viva sempre a vontade divina com firmeza inabalável, sem deixar-se levar por veleidades do capricho. Implica que esteja totalmente livre do destino cego ou do determinismo cósmico e telúrico. Quanto à voz da consciência, há também que pensar na "vergonha" que se apodera da alma após a transgressão dos mandamentos, levando à contrição ou à renitência.

7 *A adesão pessoal* é expressa no propósito de louvar a Deus, tanto na celebração litúrgica como nos exercícios de piedade. Em todas as vinte e duas estrofes deste Salmo consta a prece da adesão pessoal ao Deus do Povo Eleito, porque a pertença à *Aliança* sagrada não se transmite por nascimento, por herança ou por osmose, mas por adesão livre e esclarecida, que nos faz entrar em comunhão pessoal com Deus e com a comunidade de fiéis. A dimensão comunitária da fé visa dar respaldo a cada um dos fiéis por meio do legado de fé, transmitida no curso de gerações, e da eficácia da oração litúrgica da comunidade para obter a graça divina. Em virtude da graça divina os fiéis esperam ser preservados do abandono total de Deus, que nega sua proteção aos ímpios.

Oração

Oração de adesão a Deus, em comunhão com os irmãos na fé (v. 1-3), motivada pelo dom da divina vontade revelada (v. 4). Sua observância dá firmeza inabalável (v. 5-6), suscitando, com o louvor, o pedido pela constante assistência de Deus (v. 7-8).

Fidelidade a Deus

Segunda estrofe: ***Bet*** (v. 9-16)

9 Como pode um jovem conservar puro o seu caminho?
Guardando-o de acordo com a tua palavra.
10 De todo o coração eu te procurei:
não deixes que me afaste de teus mandamentos!
11 Em meu coração conservei tua instrução
para não pecar contra ti.
12 Bendito sejas, Senhor!
Ensina-me teus decretos!
13 Com meus lábios enumero
todas as decisões de tua boca.
14 No caminho de tuas prescrições encontrei alegria,
como em grandíssima fortuna.
15 Em teus preceitos quero meditar
e ficar atento às tuas veredas.
16 Encontro minhas delícias em teus decretos;
não me esqueço de tua palavra.

Estrutura literária

9 I. Situação pessoal: jovem
14 II. Motivação: alegria na vivência moral
16 III. Adesão pessoal ao Deus da *Aliança*

Comentário

9 A *situação pessoal* do jovem recebe atenção especial pelo fato de ele estar se preparando para ingressar nos cursos profissionalizantes e prestes a desempenhar sua missão na vida à luz da religião e da ética. Isso se realiza não na autonomia de pensamento e de ação, mas na situação concreta dentro da

família, da comunidade de fé e do grupo de compromisso com a formação profissional, que fomentam a aquisição e a interiorização dos valores religiosos e éticos, de atitudes, modelos de pensamento, comportamentos e funções que pouco a pouco se converterão em fonte de sua orientação cognoscitiva e atuante. Buscar a perfeição na atividade profissional por meio da aquisição de competência cada vez mais aprimorada é a meta de cada principiante no mundo do trabalho. Quando, porém, o jovem estiver diante do progresso da técnica não controlado nem enquadrado num plano de desenvolvimento da nova geração, em vias de integrar-se na camada da população economicamente ativa, e se tiver crescido num lar cujos pais enfrentavam o problema do desemprego ou do subemprego, será inevitável que tenha de enfrentar a situação de marginalização. Acresce a isso o aliciamento de jovens para se associarem a gangues, tornando-se cúmplices dos traficantes de drogas, assaltantes, chantagistas e *hackers* que procuram descobrir senhas de contas bancárias. Embora o jovem esteja meramente em busca de uma fonte de renda fixa, ele não se dá conta do objetivo das máfias que exploram menores de idade por estarem ao abrigo da lei penal. Como se não bastasse a delinquência, que constitui grave perigo à conduta do jovem, há que se mencionar também a corrupção entre pequenos e grandes funcionários públicos, que estabelecem uma complicada rede de relações na qual grandes somas são desviadas a título de investimentos ou despesas e assim escapam a todo controle fiscal.

Entre as estruturas de apoio que protegeram o jovem e lhe deram um sistema de valores, modelos e normas de ação constam o curso de formação religiosa e o grupo de jovens. Numa retrospecção sobre essas atividades de formação e convivência social, o adolescente se dá conta de que também elas eram uma busca de Deus, pelo fato de incentivarem a inculturação dos temas da fé na mentalidade juvenil.

A instrução (v. 11) divina sobre o estado de perfeição está incluída nas exigências da sagrada *Aliança* entre Deus e o Povo Eleito, pois a noção de comportamento íntegro vigora na sociedade, nas tribos e nas famílias segundo padrões morais que são compartilhados reciprocamente. Com isso, fica patente que os sentimentos morais não são oriundos exclusivamente da índole individual, mas assumem o perfil do sujeito social, o que tem influência direta no modo como em Israel se plasmam os sentimentos e motivações morais.

Quanto à noção de "instrução", situamo-la no contexto da moral e da ascese, lembrando porém que as condições essenciais à salvação são os mandamentos, ao passo que a observância das instruções é requerida também pela perfeição. Entretanto, notamos também que, para guardar os mandamentos, é necessário observar algumas instruções ou conselhos. A prece de louvor (v. 12) dirigida a Deus visa também motivar a aprendizagem das normas morais para poder avaliá-las eticamente como boas para o Povo Eleito, e assim boas também para mim. Da reflexão sobre o conjunto das normas da comunidade ética brota uma alegria pelo grande avanço no progresso moral, como uma necessidade de sobrevivência enquanto coletividade.

[14] A *motivação* para a vivência e a prática das exigências éticas nos traz a alegria como o traço marcante da espiritualidade bíblica, em oposição à austeridade e à severidade daqueles que, cheios de boa vontade, se empenham com fervor ou entusiasmo excessivo no trabalho da própria perfeição, mas acabam por se fatigar e se esgotar em esforços inúteis. A causa principal desse desvio é substituir a própria atividade de Deus. Em vez de refletir antes de agir, em vez de pedir e seguir as luzes do Espírito de Deus, alguns se precipitam na ação com ardor febril. Em vez de consultar mestres abalizados que ensinam as normas da moral e da ascese e ajudam a remover os obstáculos imprevistos que se levantam, alguns tornam-se vítimas incautas da falácia de que a perfeição é conquista do esforço humano. Já que o contraste entre os desejos da felicidade humana parece opor-se ao ideal da vida sobrenatural, há os que julgam que a ascese deve consistir no desprendimento das aspirações humanas, substituindo-as por atitudes austeras, severas e ar sombrio. Nem sempre tal comportamento é genuinamente autêntico, porque pode encobrir uma inércia diante dos compromissos no mundo, fazendo da omissão uma virtude, ou então assumindo uma severidade de forma ostensiva para compensar uma inibição ou lacuna no relacionamento humano. Quem mostra um ar sombrio não é porque se sente esmagado pelos golpes da má fortuna, mas porque abdicou de buscar a integração num mundo de relações humanas: mostra o desvio na busca da perfeição. Os vínculos se estreitam quanto mais se estabelece a harmonia entre a convivência humana e a vivência religiosa.

À luz da revelação bíblica, a vida da perfeição, além de ser iniciativa de Deus, é própria da ação divina nas faculdades humanas, e não simplesmente fruto de especulações do indivíduo sobre a natureza e a vida de perfeição. A disposição interna de cada um dos fiéis está imbuída da alegria que pervade o íntimo de seu coração. Essa alegria está baseada na ufania pela *amizade* de Deus com o Povo Eleito e na promessa de intervenção divina em benefício dos fiéis. Precisamente no dom que Deus faz de si mesmo à pessoa e no dom que a pessoa faz de si a Deus reside a amizade, totalmente desconhecida no mundo pagão e revelada unicamente na religião bíblica. Motivo de alegria é, pois, a certeza da *solicitude* de Deus, que não conhece limites em conceder seus benefícios àqueles que a ele recorrem em oração.

[16] *A adesão pessoal* ao Deus da *Aliança* traz consigo a deleitação, que é sinal de um hábito adquirido de acolher e executar os preceitos, por amor a Deus e ao próximo. Quem encontra a felicidade na união com Deus acha o deleite nos sinais de benevolência divina em si e nas pessoas aquinhoadas

com os dons da sagrada *Aliança*. Não se excluem outras fontes de satisfação, resultantes das conquistas da ciência e da cultura, da ecologia e do ambiente vital, da convivência familiar no lar, das atividades no mundo do trabalho, da indústria e do comércio. A felicidade, portanto, jaz na ação mais do que no pensamento. A adesão pessoal a Deus é fonte de felicidade tão profunda quanto o contentamento da criança, o frenesi de ação na mocidade ou as realizações dos adultos na idade madura, porque reconhecemos que, sendo sinais da benevolência divina, são tanto graças recebidas como fruto de nossa realização. Portanto, recitar o Salmo e rezar a oração em união com os fiéis é um ato de devoção pessoal e comunitária. As graças são dadas à comunidade para que as partilhe com seus membros, e cada um participa da felicidade por pertencer à comunidade, por rezar com a comunidade.

Oração

A oração de adesão a Deus faz que o tenhamos ao nosso alcance, quando, conhecendo o caminho que a ele conduz (v. 9-10), traz a alegria pelo dom que Deus nos faz de si mesmo e no dom que nós lhe fazemos de nossa pessoa (v. 11-14), porque o encontro com ele, na meditação e na vida cotidiana, faz nosso coração vibrar e cantar (v. 15-16).

Hostilidade dos ímpios contra os justos

Terceira estrofe: *Guimel* (v. 17-24)

17 Acolhe teu servo! Viverei,
e observarei tua palavra.
18 Abre meus olhos, para que eu veja
as maravilhas que resultam de tua lei!
19 Sou um peregrino sobre a terra:
não ocultes de mim teus mandamentos!
20 Minha alma se consome, desejando
as tuas decisões para cada instante.
21 Ameaçaste os soberbos, os malditos,
que de teus mandamentos se desviam.
22 Livra-me do insulto e do desprezo!
pois guardei tuas prescrições.
23 Ainda que príncipes se assentem para me arguir,
teu servo meditará teus decretos.
24 Tuas prescrições fazem as minhas delícias,
são minhas conselheiras.

Estrutura literária

18 I. Motivação: maravilhas divinas
19 II. Situação pessoal: peregrino sobre a terra
24 III. Adesão pessoal ao Deus da *Aliança*

Comentário

18 A *motivação* para a adesão a Deus baseia-se nas maravilhas que resultam da lei divina, tais como o sistema de valores, de modelos e normas de ação, de atitudes diante do Altíssimo e das realidades espirituais, de sentimentos e disposições a respeito de Deus, do homem e da sociedade, enquanto orientam o compromisso moral da pessoa em seu esforço de autorrealização. Essa motivação repercute nas faculdades intelectiva e volitiva, porque a conformidade com os preceitos divinos faz que cada um dos fiéis da comunidade esteja disposto a observar os mandamentos do Decálogo e a cumprir com os deveres de estado. É de notar que o indivíduo se sente valorizado não só em sua dignidade de pessoa, mas também como membro da comunidade de fé, porque é designado como "servo" engajado na vida comunitária (v. 17). O tipo de engajamento que sobressai é o trabalho, porque trabalho não é só produção, mas também convivência. O trabalho prestado pelo servo em benefício da comunidade consiste na promoção do bem comum, possibilitando o sustento de tantas famílias cujos membros têm a chance de crescer e desenvolver-se, tornando-se cidadãos produtivos do país. Além disso, a comunidade de fé se enriquece com a presença atuante de cada um dos fiéis porque integra o rol dos intercessores que dirigem as preces a Deus, beneficiando o conjunto do Povo de Deus por meio das bênçãos divinas concedidas à coletividade. Entretanto, a designação de um dos fiéis como "servo" não se baseia na função de sacerdote ou profeta, atuando no culto divino, mas no papel de intercessor a favor de gente aflita e angustiada, rezando pelos sem-voz nem vez dentro da comunidade de fé. Compete ao "servo" de Deus fazer súplicas na oração comunitária, exercendo o apostolado de oração especialmente nas intenções dos que estão afastados da celebração litúrgica. Trata-se da aplicação das promessas anexas à *Aliança* sagrada em benefício não só dos membros praticantes do Povo Eleito, mas também dos que estão afastados da liturgia comunitária, seja porque estão exilados em outros países, em viagem longe da pátria ou forçados a viver no ostracismo devido a doenças contagiosas e incuráveis.

19 A *situação pessoal* do orante é comparada à de um peregrino, porque os israelitas praticantes se distinguiam dos não praticantes pela participação no

sacrifício da *Aliança* sagrada, celebrada no Templo de Jerusalém. Os participantes do rito cultual eram os peregrinos vindos de longe e de perto, cuja presença na liturgia sacrifical era importante por causa da mediação dos dons salvíficos para todos os membros das comunidades locais. O costume da peregrinação dos israelitas ao Templo de Jerusalém teve início com a reforma deuteronomista, quando os santuários locais foram desativados, na terra de Israel, e se impôs a centralização do culto de sacrifícios no Templo de Jerusalém (2Rs 23), no final do século VII a.C. Portanto, o peregrino a caminho de Jerusalém desempenhava a dupla função de intercessor, levando as intenções dos fiéis à presença de Deus no santuário, e de portador, trazendo os dons salvíficos aos membros de suas comunidades locais. As peregrinações provocaram um surto no processo de integração da *Aliança* sagrada nas comunidades espalhadas pelo país, por meio da participação no sacrifício oferecido no altar do Templo, quando se atualizava a *Aliança* sagrada mediante o rito de ratificação. Os fiéis tinham a garantia de sua união com Deus pelo fato de ele estar vinculado com o Povo Eleito por meio de um rito religioso. Quando cessou a oferta de sacrifícios no Templo, após sua destruição em 70 d.C. pelos exércitos romanos, acabou também o sacrifício de ratificação da *Aliança* sagrada, não havendo outro recurso de atualização a não ser a simples recordação de um evento realizado no passado, sem eficácia na vida real por ser mera evocação na memória coletiva. Aliás, a pertença à *Aliança* sagrada não se transmite por nascimento, tradição ou osmose, mas unicamente por adesão pessoal a Deus e ao cumprimento dos compromissos da *Aliança*.

A origem das peregrinações no NT remonta ao século III d.C., quando os cristãos vinham de longe para visitar a Terra Santa, que era a Terra Prometida como *habitat* do Povo Eleito. A área da Palestina é especialmente cara aos cristãos, porque ali se encontram os lugares do itinerário de Jesus Cristo sobre a Terra, cuja mensagem e cuja obra estão ligadas a acontecimentos históricos e não a mitos ou intuições humanas projetadas para Deus. Nos séculos seguintes houve também um interesse crescente em outros centros religiosos que atraíam peregrinos não a título de turismo religioso, mas no intuito de manter a vinculação das comunidades cristãs com a Igreja-Mãe em Jerusalém e em Roma. O objetivo das peregrinações não era propriamente o santuário, mas as venerandas figuras em posição de liderança e inspiração às comunidades de fé. Posteriormente surgiu no Ocidente um movimento de religiosidade popular que fomentava as peregrinações a lugares onde se veneravam os padroeiros da Igreja local. Em termos numéricos e de interesse crescente, notabilizaram-se as peregrinações aos santuários em honra de Maria Santíssima, cuja veneração é parte integrante da vida litúrgica da Igreja e não apenas da espiritualidade de uma irmandade ou confraria. Pois na vida de Maria encontram-se os traços fundamentais da vida cristã, e sua prática de virtudes serve de exemplo a quem se faz discípulo de Cristo. A convivência de Maria com Jesus é maneira exemplar para a vida em comunhão com Cristo, que os fiéis adotam para expressar a dimensão pessoal da fé e a dimensão comunitária da fé. As peregrinações visam fomentar a função espiritual da maternidade de Maria, à qual se associam aspectos singelos da religiosidade popular, como, por exemplo, a gratuidade do dom do amor, a convivência com gente simples e com grupos de fervorosos praticantes da religião, a confiança na libertação do homem oprimido graças à intervenção divina, alcançada por intercessão de Maria.

24 A *adesão pessoal* ao Deus da Aliança, expressa pela deleitação, é sinal de um hábito adquirido de acolher e executar os preceitos por amor a Deus e ao próximo. Trata-se do contentamento que vem de nossa atividade auxiliada pela graça. Se dependesse meramente de nossa disposição psicológica ou de nosso temperamento, seria um contentamento resultado de um *hobby*, de um passatempo ou de diversão, sem compromisso com a vocação de aprimoramento pessoal ou de melhoria moral do caráter e das atitudes. A deleitação seria passageira e se revelaria incapaz de inspiração e nobreza. Afirmando, porém, que o deleite vem das prescrições divinas, temos que situar a fonte da felicidade acima dos instintos e dos impulsos da natureza humana e descobrir nas "prescrições" divinas a vontade significada de Deus a respeito de nossa felicidade. Em outras palavras, felicidade autêntica é felicidade com Deus.

Oração

A oração de adesão à vontade divina leva os fiéis a concretizar, no convívio humano, as maravilhas que resultam da lei de Deus (v. 17-18), para a transformação da realidade terrestre (v. 19-20). Assumindo a responsabilidade histórica, em meio aos obstáculos, eles se alegram pelo fato de suas obras não visarem à autoafirmação, porque estão no horizonte da dependência transcendental em relação a Deus (v. 21-24).

Sob a proteção de Deus

Quarta estrofe: *Dalet* (v. 25-32)

25 Minha alma está grudada ao pó:
reanima-me, segundo tua palavra!
26 Mostrei meus caminhos, e tu me respondeste.
Ensina-me teus decretos!

27 Faze-me discernir o caminho de teus preceitos!
e meditarei em tuas maravilhas.
28 Minha alma se consome de tristeza:
reergue-me, segundo a tua palavra!
29 Afasta-me do caminho enganoso,
e favorece-me com tua lei!
30 Escolhi o caminho da fidelidade,
pus diante de mim tuas decisões.
31 Mantenho-me apegado às tuas prescrições:
Senhor, não me deixes passar vergonha!
32 Corro pelo caminho de teus mandamentos,
pois me alargas o coração.

Estrutura literária

25 I. Situação pessoal: prostrado no pó
27 II. Motivação: maravilhas divinas
31 III. Adesão pessoal ao Deus da *Aliança*

Comentário

25 *A situação interior* do orante é de desânimo porque se encontra num caminho que, sem luz e sem entusiasmo, provoca crise na fidelidade às práticas religiosas. A descrição do estado da "alma" "grudada ao pó" não é mero sintoma de uma enfermidade ou resumo de boletim médico, mas pressentimento de estar às portas da morte. Por isso a prece se dirige a Deus como senhor da vida e reconhece que a vida é um dom que dele se recebe e a ele se devolve na hora da morte. A "palavra" de Deus que tem o poder de reanimar os oprimidos é a promessa da intervenção divina em favor dos doentes para recuperarem a saúde quando estiverem prestes a morrer. Lembramos a situação do rei Ezequias, que recebeu a promessa de Deus: "*Eis que te restituo a saúde*" (2Rs 20,5).

Em situação de crise, assim como durante o retiro anual, recomenda-se fazer uma revisão de vida, a título de avaliação das motivações e do comportamento com relação ao desempenho de nossa missão na vida (v. 26). Incluídos o lado positivo e o aspecto negativo dos atos e da intencionalidade, é proveitoso descobrir os condicionamentos que preparam o caminho para as obras meritórias ou as faltas mais culpáveis. Entre os condicionamentos costumam ser citados os inimigos externos, por exemplo as antinomias espirituais, os extremismos radicais, o secularismo, a idolatria da riqueza, a idolatria do poder, a idolatria do prazer. Não menos influentes são os condicionamentos internos, por exemplo a tríplice concupiscência: a concupiscência da carne (sensualidade), a dos olhos (ambição) e a do espírito (orgulho), aí também incluídos as inclinações desordenadas da natureza humana e os impulsos desregrados dos instintos. Vale dizer que é preciso ter presente os amplos setores tanto da moral quanto da ascese, nos quais se explicitam o significado e as exigências da ética da comunidade da *Aliança* sagrada.

27 *A motivação* que ajuda a superar a fadiga e o desgaste da crise está na visão das maravilhas realizadas por Deus no mundo e na descoberta do valor das virtudes para confirmar as intenções do agir humano. Fruto da revisão de vida é uma visão realista do estado de alma, sem evasão para longe do mundo real e sem queda num pessimismo que tende a paralisar tentativas de mudar para o melhor, com a graça de Deus.

A "tristeza" é uma das emoções fundamentais experimentadas por qualquer um, sob a conotação de desagrado e na linha da dor e do mal (v. 28). Costuma atingir, com acentuações diversas, segundo a saúde, o temperamento e os estímulos, as zonas mais sensíveis do psiquismo e da espiritualidade humana. Porém, ordinariamente, é mais sentida pelas pessoas que não conseguem descobrir o sentido da vida. Neste caso pode degenerar em melancolia, angústia e desespero. À luz da fé, a tristeza é fruto amargo do pecado. No mais, a quem o diabo quer levar ao pecado, torna-o triste, lançando na alma a tristeza. Daí se aconselha a tática de fazer um ato de humildade que põe o diabo em fuga. Da Bíblia tiramos duas passagens referentes à tristeza: "*Da tristeza pode provir a morte; a tristeza do coração abate as forças*" (Eclo 38,18); "*Expulsa a tristeza para longe de ti, pois a tristeza já causou a perdição de muitos e não traz proveito algum*" (Eclo 30,23). A tristeza tem muitos matizes, por exemplo abatimento, desgosto, desolação, dor, desagrado, apatia, aflição, amargura, pena, pesar e melancolia. Essas emoções são cumulativas, agregando-se a cada novo incidente desagradável que tende a reforçar esse estado de alma. Os sentimentos de angústia que sempre acompanham a melancolia podem afetar seriamente o estado psíquico e o sistema nervoso do paciente. Convém distinguir a melancolia-*doença*, que precisa de tratamento psiquiátrico ou psicológico, da melancolia-*temperamento*. As raízes da tristeza podem estar na frustração pessoal, num estado de depressão ou num pessimismo que vem de longe. Como ilustração indicamos o romance de Françoise Sagan *Bom dia, tristeza*, de 1954 (Lisboa, Ulisseia), que faz uma mescla de circunstâncias triviais e situações existenciais, num clima de desencanto e solidão.

Para sair dessa situação aflitiva, a espiritualidade recomenda a revisão dos atos humanos à luz da lei divina. O que se quer descobrir é a causalidade subjacente a esses atos, juntamente com a propensão à autenticidade ou à mentira, que determinam as opções e aumentam ou diminuem a responsabilidade por tais atos (v. 29-30). No fundo, trata-se da liberdade da vontade humana sem os determinismos psicológicos que impõem à vontade agir desta ou daquela maneira.

31 *A adesão pessoal* a Deus é expressa pela submissão ao seu beneplácito, prevalecendo, nas situações adversas, o dever de obediência ao supremo Senhor, que tem toda a autoridade sobre os fiéis, a ele vinculados em *Aliança* sagrada. Na prece pelo dom da graça de Deus é que nos vem a reabilitação em momentos de angústia e de perigo.

Seguir o "caminho dos mandamentos" tem seu desdobramento no plano teológico porque "alarga o coração" (v. 32). Trata-se de alargar a ação moral, ultrapassando o âmbito restritivo e pondo a prática moral a serviço da realização plena da vida boa, não só do indivíduo mas também da coletividade.

Oração

Oração de adesão ao Deus da *Aliança*, em acontecimentos providenciais, de aflição, perigo e angústia, que nos colocam na perspectiva da glória de Deus, em testemunho de nossa fidelidade a Deus (v. 30-32), e de confiança em sua intervenção salvífica em favor dos fiéis (v. 25-29).

A moral dos mandamentos

Quinta estrofe: *He* (v. 33-40)

33 SENHOR, indica-me o caminho de teus decretos!
e eu, com proveito, os guardarei.
34 Dá-me entendimento, para que eu observe tua lei
e a guarde de todo o coração!
35 Encaminha-me na senda de teus mandamentos!
pois nela encontro meu prazer.
36 Inclina meu coração às tuas prescrições
e não para o lucro!
37 Desvia meus olhos do fascínio da ilusão,
faze-me viver em teu caminho!
38 Mantém com teu servo tua promessa
feita aos que te temem!

39 Desvia o insulto que me amedronta!
pois são boas tuas decisões.
40 Vê! Eu anseio por teus preceitos:
faze-me viver em tua justiça!

Estrutura literária

35 I. Adesão pessoal ao Deus da *Aliança*
38 II. Motivação: promessa divina
39 III. Situação pessoal: medo do insulto

Comentário

35 *Adesão pessoal* ao Deus da *Aliança* em virtude da graça divina, que move os fiéis à correspondência dócil e constante, resultando em prazer, alegria e paz perfeita. Entre os pré-requisitos da adesão pessoal estão não só as virtudes do amor e da obediência a Deus, mas também o conhecimento da vida moral (v. 33-34). Ora, só aquele que entra no íntimo de sua alma descobre o perfil do sujeito moral concreto, e pode realizar a ação moral em primeira pessoa. Nesse âmbito, o da subjetividade moral, vem à tona com originalidade o mundo da consciência. Desse campo complicado e misterioso sobressaem questões significativas como, por exemplo, a problemática sobre a liberdade, a importância das intenções, dos fins e dos objetivos que direcionam a ação, a exigência de responsabilidade, o apelo da vontade, das emoções etc. Implicados nisso estão pensamentos, imagens, desejos que se formam na inteligência e na sensibilidade do indivíduo antes que este tenha consciência disso, fazendo parte da face subjetiva da moral e constituindo a sua dimensão pessoal. Finalmente, convém não esquecer o perfil teleológico da ética.

Quanto aos condicionamentos do comportamento moral, é mencionada a concupiscência dos olhos, isto é, a avareza (v. 36-37). Ora, a avareza é um vício anexo ao desejo imoderado pelos bens da terra. Está muitas vezes na intenção, pois se desejam as riquezas, por si mesmas, como fim, ou por fins intermédios que se erigem em fim último, por exemplo para alcançar prazeres e honras. Encarar a riqueza como meio de agenciar bens superiores é uma espécie de idolatria; não se vive mais que para o dinheiro. Manifesta-se ainda na maneira de as adquirir: procuram-se com avidez, por toda espécie de meios, com prejuízo dos direitos de outrem, com dano da saúde própria ou dos empregados, por meio de especulações temerárias, com risco de perder o fruto das próprias economias. Aparece também na maneira de usar tais bens:

só são utilizados de má vontade, com mesquinhez; o que se quer é acumular, para maior segurança ou para gozar da influência que dá a riqueza; não se quer dar nada ou quase nada aos pobres e às boas obras; capitalizar, eis o fim supremo que se procura a todo custo. Alguns chegam desse modo a amar o dinheiro como um ídolo, a aferrolhá-lo no cofre, a apalpá-lo com amor: é o tipo clássico do avarento. Quanto à malícia do vício da avareza aparece como um sintoma de desconfiança de Deus, que prometeu velar sobre nós com paternal solicitude, não nos deixando jamais passar sem o necessário, contanto que tenhamos confiança nele. Ora, o avarento, em lugar de pôr sua confiança em Deus, coloca-a na multidão de suas riquezas e faz injúria a Deus, desconfiando dele. Essa desconfiança é acompanhada de excessiva confiança em si mesmo, no próprio esforço: quer o homem ser a sua providência, e assim cai numa espécie de idolatria, fazendo do dinheiro o seu Deus. Ora, ninguém pode servir ao mesmo tempo a dois senhores, a Deus e às riquezas (Mt 6,24).

[38] *Motivação* para a fidelidade aos compromissos da sagrada *Aliança* é a promessa de proteção divina aos membros do Povo Eleito. Estes são servos de Deus, porque desempenham o papel de intercessão pelos fiéis, de colaboração na missão de implantar o Reino de Deus, e manifestam sua familiaridade com Deus pelo temor reverencial e filial. Devido a um vivo sentimento da grandeza divina na vivência da fé, adota-se uma atitude de horror a qualquer ofensa a Deus. Trata-se de uma atitude e não apenas de um sentimento, porque inclina nossa vontade ao respeito filial por Deus e nos afasta do pecado, pois lhe desagrada, e nos faz esperar no poder de seu auxílio. Destarte, a relação entre Deus e homem transcende a concepção mítica de uma sacralidade mundana e numinosa, que nos inspira medo, e encontra na religião bíblica a atitude reverencial que inclui temor de desagradar a Deus e se separar dele. Na verdade, não basta um conhecimento de concepções míticas do passado na história das religiões bíblicas e extrabíblicas, são necessários também conhecimentos e atitudes permanentes em relação ao "temor de Deus", que se tornaram normativas para a conduta humana do Povo de Deus. O efeito colateral da virtude do temor de Deus na alma é algo semelhante a um antídoto contra a tendência a democratizar o relacionamento reverencial com a majestade divina, que pode surgir por causa de uma demasiada familiaridade com Deus. É interessante observar que o "temor de Deus" não é um fator de aprimoramento moral, mas faz parte do rol das virtudes da religião, como se lê nas recomendações do apóstolo Paulo aos cristãos: *"Trabalhai para vossa salvação com temor e tremor"* (Fl 2,12). Por meio da figura estilística da hendíadis, exprime-se por dois substantivos, ligados por coordenação, uma ideia que normalmente se representaria subordinando um deles ao outro. É um recurso literário para fins de ênfase no "temor". Destarte, "temor e tremor" salientam o papel da ascese na vida

espiritual, válida para os principiantes, os proficientes e os perfeitos. A finalidade disso é encaminhar os fiéis a seguir o itinerário psicológico rumo à maturidade espiritual. Esse itinerário pode ser identificado com um processo ascético que se esforça efetivamente para não ofender a Deus e crescer, desenvolver-se e evoluir ao longo de diversas fases até a santidade. É de notar que uma vida espiritual intensa tem dimensão pessoal e comunitária.

39 *Situação* pessoal de medo do insulto, manifestando-se pela atitude de pusilanimidade, que pode levar à inércia na prática da fé ou ao abandono do zelo espiritual. A influência do medo é um fator que afeta uma ação boa ou má, mas não anula a liberdade dos atos humanos, embora os torne menos culpáveis e também menos meritórios. No final, o oprimido pede que seja reanimado pela justiça de Deus. Não se trata pois da justiça natural. O ponto em questão é a participação da justiça divina no íntimo da alma humana, que a torna inacessível à corrupção e lhe acrescenta grande solicitude pelos direitos de outrem.

Oração

Oração de adesão ao Deus da *Aliança* para viver contente e com generosa disposição, no cumprimento dos preceitos (v. 33-35), pois quem, pondo a vida em harmonia com suas convicções, superar o medo de expor-se a humilhações não cairá na inércia na prática da fé (v. 36-40).

Fidelidade a Deus sem respeito humano

Sexta estrofe: *Waw* (v. 41-48)

41 Venham sobre mim, Senhor, os dons do teu amor,
tua salvação, segundo a tua promessa!
42 Então terei como responder àquele que me insulta,
pois confio em tua palavra.
43 Jamais me tires da boca a palavra da verdade!
pois espero em tuas decisões.
44 Cumprirei, sem cessar, a tua lei
para todo o sempre.
45 Andarei por um caminho largo,
pois busquei teus preceitos.
46 Diante de reis falarei de tuas prescrições,
e não me envergonharei.

47 Encontro minha delícia em teus mandamentos,
que tanto amo.
48 Levanto as mãos para teus mandamentos, que muito amo,
e meditarei em teus decretos.

Estrutura literária

41 I. Motivação: promessa divina
42 II. Situação pessoal: insultado
47 III. Adesão pessoal ao Deus da *Aliança*

Comentário

41 *Motivação* para manter-se fiel à sagrada *Aliança* é a promessa de benefícios divinos e de salvação do oprimido. Os dons do amor de Deus incluem os sinais que irradiam de sua bondade absoluta, tais como a magnificência divina e a perfeição de Deus, dignas de louvor na liturgia dos coros celestes e no culto do povo de Deus. Esses dons são salvíficos devido à utilidade para o aperfeiçoamento da existência humana com vistas a uma felicidade imorredoura. E, já que não há uma dicotomia entre dois princípios em luta pela supremacia dentro do ser humano, a Bíblia não se cansa de repetir que o homem, em todo o seu ser e em cada fibra, é objeto do amor divino. Os dons de Deus são salvíficos porque nos são concedidos por meio de Cristo, o Salvador. Além disso, pelo fato de Cristo atuar como Salvador é que se comunicam esses dons de forma comunitária, visto que os irmãos na fé são um componente necessário para a aquisição e a assimilação frutuosas na vida.

42 *Situação existencial* de alguém que, em face dos insultos, mantém-se confiante, dando, em diversos ambientes até mesmo diante da corte real, testemunho de vida virtuosa. Quem ocupa um alto cargo público está sujeito à pressão de diversos grupos de interesse que dele dependem para receber favores do governo e de corporações, em detrimento, muitas vezes, dos ditames da própria consciência. Quem procura harmonizar critérios de legalidade com pretextos escusos sob alegação de praxes em voga no mundo político ou econômico sempre deve levar em consideração a responsabilidade de seus atos perante Alguém que exige contas dos atos humanos.

47 *Adesão pessoal* ao Deus da *Aliança*, demonstrada pela observância dos mandamentos, cuja obediência habitual é fonte de profunda alegria, porque as-

sim se estabelece uma espécie de perene comunhão espiritual entre Deus e a alma. A sensação dessa alegria espiritual na alma é causada pela ação do Espírito Santo que habita dentro da pessoa. É totalmente diferente do estado de euforia que pode ser induzida por drogas psicodélicas ou substâncias alucinógenas, ou por arroubos extáticos, como na dança dos dervixes. Tampouco se compara com a exuberância esfuziante dos carismáticos manifestada em reuniões festivas de confraternização. Pois essa alegria surge no indivíduo durante a meditação sobre a relevância dos mandamentos de Deus como *regras de salvação* (v. 48).

ORAÇÃO

Oração de adesão ao Deus da *Aliança*, confirmando a alma na comunhão de nossa vontade com a vontade divina (v. 47-48) e fortalecendo-a com a eficácia dos dons divinos (v. 41-42), para dar, nas diversas situações existenciais, testemunho de vida virtuosa (v. 43-46).

Consolações de Deus contra o desalento

Sétima estrofe: *Zain* (v. 49-56)

49 Lembra-te da palavra a teu servo,
pela qual me encheste de esperança!
50 Isto me consola na minha aflição:
que tua promessa me vivifica.
51 Demais me insultaram os insolentes,
mas não me afastei de tua lei.
52 Lembrei-me, SENHOR, de tuas decisões de outrora
e fiquei consolado.
53 Arrebatou-me a indignação contra os ímpios,
que abandonam tua lei.
54 Teus decretos tornaram-se meus cânticos,
na casa onde vivo como migrante.
55 Durante a noite lembro teu nome[1], SENHOR,
e faço guarda à tua lei.
56 O que me compete
é guardar os teus preceitos.

1 "Nome" como indicação da presença divina.

Estrutura literária

50a I. Situação pessoal: aflição
50b II. Motivação: promessa divina
55 III. Adesão pessoal ao Deus da *Aliança*

Comentário

50a *Situação pessoal* de aflição pela hostilidade dos insolentes e pela agressão dos ímpios à comunidade dos fiéis. Essa situação acontece frequentemente com uma minoria de fiéis quando rodeados de uma maioria de adeptos de outras crenças. Essa maioria não precisa ser necessariamente numérica, mas predomina sobre os demais ou exerce a hegemonia sobre a opinião pública porque se apoderou dos meios de comunicação social. A hostilidade destes contra a tradição da religião praticada por aqueles, contra os símbolos sagrados da fé em Deus, contra os ministros da religião, contra os fiéis da comunidade de fiéis tem muitas vezes por objetivo denegrir sua credibilidade e seu bom nome na sociedade. Se ninguém sair em sua defesa, o silêncio dos cidadãos poderá ser interpretado como reação inócua de que o problema é dos outros. Tampouco deve ser reconhecida válida a opinião de que sofrer as injúrias à guisa de vítima indefesa seria uma virtude, pois sempre há recurso aos meios de comunicação da paróquia e da diocese para rebater e encaminhar meios cabíveis à defesa própria.

50b *Motivação* para a fidelidade na fé é a ajuda divina, prometida aos servos de Deus. Quem faz jus ao título de "servo" é um dos membros da comunidade que está engajado no "serviço da fé e na promoção da justiça" nas relações humanas. Além disso, a característica atual de "servo" de Deus tem a feição de um empresário empenhado em prevenir o depauperamento da população e minorar o problema da pobreza entre aqueles que não têm voz nem vez, criando empregos em setores produtivos e oferecendo vantagens aos investimentos estrangeiros, especialmente das empresas transnacionais. Outro aspecto de "servo" é o de intercessor rezando pelos necessitados da comunidade de fiéis e suplicando pelo auxílio de Deus. Os cânticos religiosos que ele entoa em casa podem comparar-se ao Salmo responsorial da celebração litúrgica em resposta ao texto bíblico sobre a lei divina (v. 54). É bom lembrar que esses "servos" do passado não são esparsos hoje, nem estão ausentes nas comunidades cristãs como se poderia pensar. Pelo contrário, são mais numerosos do que nunca, porque se encontram praticamente em cada paróquia, pois, entre tantos outros, são representados pelos associados do Apostolado da Oração, comparados pela Pastoral de Conjunto às "colunas da Igreja local".

A situação do orante é comparada à de um migrante porque em todas as faixas etárias ele está sujeito às contingências da vida que passa no contexto dos vizinhos e amigos que transitam pelos caminhos de sua vida sem deixar obras que os imortalizem, a não ser algumas lembranças e saudades passageiras. Triste seria ser lembrado como um "ímpio" que desperta indignação entre os contemporâneos, que se sentem aliviados pelo fim de sua vida inglória (v. 53).

55 *A adesão pessoal* a Deus expressa-se, na presença divina, com prece fervorosa, em reconhecimento pela favorável acolhida dos fiéis na liturgia comunitária. Na vigília noturna do levita rezando na presença de Deus no santuário não há função mais nobre no ministério cultual do que fazer da fidelidade a Deus um compromisso pela comunidade de fé. Envolto pela escuridão, nada há para distrair seu olhar em direção à luz bruxuleante da lamparina, sabendo que Deus está presente para acolher suas preces e dispensar suas graças em favor daqueles que de longe e de perto estão expostos a perigos de toda espécie e precisam da luz divina para orientá-los no caminho da vida.

Oração

Oração de adesão ao Deus da *Aliança*, em reconhecimento pelos salutares efeitos de conforto espiritual (v. 50-52) e de sentimentos religiosos (v. 53-55), derivados da prática da lei divina (v. 56).

Amigo dos fiéis

Oitava estrofe: *Het* (v. 57-64)

57 "Meu quinhão, Senhor — eu disse —,
é observar a tua palavra".
58 De todo o coração implorei teu favor:
sê-me propício, segundo tua promessa!
59 Refleti sobre os meus caminhos,
e volto meus passos para tuas prescrições.
60 Apressei-me, sem perder um instante,
em observar os teus mandamentos.
61 Os laços dos ímpios me envolveram,
mas não me esqueci de tua lei.
62 Levanto-me em plena noite para te louvar,
por causa de tuas justas decisões.

63 Associo-me a todos os que te temem
e observam teus preceitos.
64 SENHOR, do teu amor a terra está repleta:
ensina-me teus decretos!

ESTRUTURA LITERÁRIA

57 I. Adesão pessoal ao Deus da *Aliança*
58 II. Motivação: promessa divina
61 III. Situação pessoal: nos laços dos ímpios

COMENTÁRIO

57 *A adesão pessoal* ao Deus da *Aliança* é comparada ao título de propriedade, guardado durante a vida inteira, sem jamais ser alienado. Além disso, a posse de uma propriedade recebida em herança já é de grande valor, ainda mais se transmitida por gerações aos herdeiros da mesma família. Em analogia com o legado da Aliança sagrada, é preciso lembrar que ninguém se torna membro dela seja por nascimento, por tradição ou por osmose. Recebe-se a posse da *Aliança* como dom da *Eleição* divina, de sorte que cada um dos fiéis do Povo Eleito torna-se um dos escolhidos em virtude da graça e não por mérito ou preferência pessoal. Surge a pergunta: Qual é o penhor da *Eleição* divina, análoga à "joia" a ser paga pelos que são admitidos no quadro de sócios de certas associações? Em resposta lembramos que há vários ritos do tipo religioso e social usados pela comunidade de fé para introduzir alguém no povo da *Aliança* e comunicar-lhe a graça sobrenatural e as orientações, os critérios e as metas da vida em comum da comunidade de fé e da comunidade ética. Dessa comunhão de *Aliança* com Deus nasce uma comunidade religiosa, que durante séculos continua historicamente, tornando-se tradicional ao usar o mesmo rito de integração social e religiosa dos novos membros. Na história de Israel, Deus se autocomunica mediante o dom que ele faz de si mesmo. Essa comunicação ao Povo Eleito fez ressoar sua palavra no mundo através da religião bíblica, cuja expressão litúrgica é a celebração da *Aliança* sagrada dos fiéis unidos a Deus. No cristianismo foi instituído o sacramento do Batismo como rito de iniciação na fé e integração na Igreja.

58 *Motivação* para a observância dos mandamentos é a promessa de favorável atendimento das preces dos fiéis. Com base na relação do Deus da *Aliança* com o Povo Eleito aprofundou-se a reflexão sobre a repercussão da fraterni-

dade entre os membros da comunidade. Além do âmbito religioso, visava-se incluir o âmbito da comunidade civil, que recebeu o impacto da ação social dos fiéis na promoção da solidariedade entre os cidadãos mais necessitados. Dessa ação dos fiéis na promoção do bem comum originou-se a civilização cristã. O fator determinante veio de uma mudança estrutural da sociedade. Até então a maioria dos cidadãos no Império Romano era constituída de 120 milhões de escravos a serviço de 5 milhões de patrões. Com a expansão do cristianismo, que a partir da era cristã influenciou os países do Ocidente, modificou-se a estrutura social do Estado de tal maneira que os portadores da cultura não eram escravos que a levavam em seus ombros, mas cidadãos sem discriminação social, porque na comunidade cristã todos eram reconhecidos como irmãos na fé.

61 *Situação pessoal* de assédio dos ímpios. Seu objetivo é acabar com a comunidade de fé. Ele não se concretiza, por causa da intervenção divina em favor dos fiéis de vida fervorosa. A irradiação da fé cristã no mundo implica um compromisso social cuja organização de base é a comunidade ética, destinada a contribuir para a construção de uma sociedade mais humana segundo os parâmetros da lei de Deus.

Oração

Oração de adesão ao Deus da *Aliança*, na comunidade de fiéis, cujo intenso fervor religioso (v. 62-64) se manifesta na homenagem de louvor a Deus (v. 57-60) e na súplica de sua proteção contra o assédio dos ímpios (v. 61).

Confissão de culpabilidade

Nona estrofe: *Tet* (v. 65-72)

65 Trataste teu servo com bondade,
segundo a tua palavra, Senhor.
66 Ensina-me bom senso e entendimento!
pois confio em teus mandamentos.
67 Antes de ser humilhado, eu andava extraviado,
mas agora cumpro tua instrução.
68 Tu és bom e benfazejo:
ensina-me teus decretos!
69 Os insolentes tramaram fraudes contra mim;
mas eu, de todo o coração, guardo teus preceitos.

70 O coração deles é insensível como o sebo;
eu, porém, me delicio em tua lei.
71 Foi bom para mim ser humilhado,
para aprender teus decretos.
72 A lei de tua boca vale, para mim,
mais que milhões em ouro e prata.

Estrutura literária

67 I. Situação pessoal: extraviado e aflito
68 II. Motivação: divina bondade
70 III. Adesão pessoal ao Deus da *Aliança*

Comentário

67 *Situação pessoal* de aflição, que serviu para o pecador reconhecer, arrependido, seus anteriores extravios, como também para compreender mais a fundo os compromissos da sagrada *Aliança*. Não é devido ao sentimento de aflição que experimentamos um peso na consciência pelo pecado pessoal, mas pela presença do Espírito de Cristo nas profundezas da alma, lembrando-a de sua filiação comum ao Pai celeste, como fraternidade de amor em Cristo e com os irmãos na fé. A dimensão antropológico-religiosa pode ajudar-nos tanto a compreender mais profundamente a malícia difundida em nossos comportamentos pecaminosos como a descobrir os desdobramentos de nossos egoísmos. Essa dimensão é proveitosa também para nos tornarmos conscientes das responsabilidades que transcendem os limites de nosso ambiente particular e para percebermos nossas relações com Deus em Cristo, que devem ser testemunhadas e vividas nas relações concretas entre nós e o próximo.

68 *Motivação* para a vida fervorosa é a divina bondade, cujos sinais se manifestam nos momentos de prosperidade e de aflição. O conhecimento da natureza de Deus tem que se basear em sua autocomunicação por meio da história religiosa do Povo de Deus e do evento de encarnação, vida, paixão, morte e ressurreição de Jesus Cristo, o Filho de Deus. Essa autocomunicação é a Palavra de Deus transmitida na Bíblia, em contraste com as especulações dos mitógrafos e mistagogos, que entre as intuições humanas selecionam algumas que então são sublimadas e projetadas para Deus. Ora, só conhecemos a qualidade pessoal de Deus como benfeitor a partir da revelação na Bíblia e não por meio da especulação sobre modelos espirituais. É bom observar que a revelação divina na Bíblia é transmitida pela palavra falada e escrita,

que exerce um papel muito importante no desenvolvimento e no esclarecimento da religião. Quem nos transmite essa palavra é a comunidade de fé, cujo ministério primordial é o serviço da palavra no contexto da religião. Na religião cristã, essa palavra se torna histórica ao longo da existência da Igreja, é litúrgica no culto religioso, é sacramental na celebração litúrgica, é ética na práxis existencial do cristão, é sapiencial na espiritualidade, é querigmática no anúncio da fé, é profética na pregação, é teológica na exposição sistemática dos temas da fé. Além disso, a Palavra de Deus é veiculada pela religião por meio de conceitos e significados que o contexto cultural do mundo nos mediatiza. Entretanto, a Palavra de Deus proclamada pela religião não pertence ao mundo mediatizado, mas ao mundo da imediatez, isto é, da relação interpessoal de Deus com os fiéis. A proclamação da Palavra de Deus proporciona a experiência da bondade divina aos que a acolhem e a ela respondem com fé e sentimentos de amor agradecido.

[71] A *adesão pessoal* ao Deus da *Aliança* expressa a obediência à sua vontade, mantendo a alma em união com ele. Os meios para atingir essa união são os mais variados, o mais importante deles o nosso esforço de colaboração com a graça divina, renunciando à falácia de se poder chegar à união íntima com Deus por própria iniciativa. Ao mencionar o efeito salutar da humilhação no itinerário espiritual (v. 71), o salmista vê o lado positivo da provação: ela ajuda a alma a desembaraçar-se das veleidades do capricho humano, dos impulsos desordenados do instinto e das inclinações desregradas da natureza humana. Ressalta, porém, a necessidade do esforço pessoal em continuar na marcha rumo à perfeição, porque Deus nos pede o esforço, não o resultado.

A promulgação da lei divina é comparada ao lançamento de títulos de crédito de grande valor em depósito no tesouro nacional (v. 72). Essa comparação com o lastro financeiro da nação quer chamar a atenção para a base ética que fundamenta a Constituição do país, baseando-a no alicerce da lei de Deus. Se não existe uma ética natural nem uma ética sobrenatural, reinam a anarquia e o caos entre os grupos sociais à mercê da lei do mais forte. Mas há uma só lei, ao mesmo tempo humana e divina, e se resume no único mandamento do amor a Deus e ao próximo. Por isso, o Povo Eleito e a Igreja tiveram sempre consciência de sua missão de anunciar a lei natural. Reconhecem nesta lei três instituições fundamentais. Primeiro: essa lei, inscrita na consciência de todo homem, é a lei não escrita. Transcendendo as leis positivas, há uma lei suprema que julga a todas sem distinção. Segundo: essa lei, comum a todos os homens, mantém a unidade do gênero humano em meio à heterogeneidade das culturas. Entretanto, a fé cristã defende a existência de um vínculo entre as diversas normas do viver, que é a própria lei natural. Terceiro: essa lei é o fundamento da ética cristã da existência.

Oração

Oração de adesão ao Deus da *Aliança* para seguir o caminho da virtude, que será tanto mais estimado quanto maior for sua eficácia na vida humana, em momentos de prosperidade ou de aflição (v. 67-68), enchendo a alma de nobres sentimentos e sustentando-lhe a coragem entre as adversidades (v. 69-72).

Anseio da companhia dos justos

Décima estrofe: *Yod* (v. 73-80)

73 Fizeram-me tuas mãos e me consolidaram:
dá-me entendimento, para que aprenda teus mandamentos!
74 Ao me verem, alegram-se os que te temem,
pois espero em tua palavra.
75 Reconheço, Senhor, que tuas decisões são justas;
foi com lealdade que me afligiste.
76 Seja meu consolo teu amor,
segundo a promessa a teu servo!
77 Que desça sobre mim tua misericórdia! e viverei,
pois tua lei constitui minhas delícias.
78 Fiquem envergonhados os insolentes,
que me prejudicaram com mentiras!
Mas eu meditarei em teus preceitos.
79 Voltem-se para mim os que te temem!
e conhecerão tuas prescrições.
80 Que meu coração seja íntegro em teus decretos,
para eu não ter de que me envergonhar!

Estrutura literária

76 I. Motivação: promessa divina
77 II. Adesão pessoal ao Deus da *Aliança*
78 III. Situação pessoal: prejudicado pelos insolentes

Comentário

76 A *motivação* é baseada na promessa de ajuda divina para o fiel manter sua integridade religiosa ante a zombaria dos insolentes. À luz das promessas

anexas à *Aliança* sagrada é que os fiéis do Povo Eleito se animam a seguir o itinerário de "servos" de Deus no mundo secularizado. Alguém poderia pensar que seria por motivo de compensação da insignificância na área política que esse povo exaltou seu *status* de *Eleição* divina, em meio às nações pagãs, para isolar-se do contágio do paganismo e da decadência moral. Mas o salmista evitou criar um sentimento ufanista de exclusividade de gente elitista porque optou pelo título "servo", cuja tarefa é de serviço da fé e promoção da justiça. Desde o início de sua trajetória histórica, o Povo Eleito foi criado para ser um povo à parte do mundo pagão (v. 73). Entretanto, essa *Eleição* divina poderia ser encarada como política discriminatória se não houvesse um objetivo providencial de servir de paradigma aos outros povos, para que percebam como Deus realiza os desígnios salvíficos na história à luz da trajetória histórica do Povo de Deus. Isso não aparece, porém, à primeira vista a um observador que não está acostumado a intuir uma série de fatores mais amplos agindo na história dos povos. O salmista menciona um critério necessário na avaliação das diversas causalidades em atuação em meio às conjunturas. Esse critério é o enfoque de um "temente de Deus" que nos acontecimentos percebe um desígnio mais abrangente que atua na história (v. 74). Aplicando esse critério ao progresso e ao declínio dos povos, ele aplica os juízos históricos à evolução e também à decadência da cultura (v. 75). Nos âmbitos da pessoa, da família e da sociedade surgem também desequilíbrios e contradições, de sorte que entre angústias e esperanças começam a se apresentar as mais profundas e permanentes interrogações do homem. Ao afirmar que Deus aflige o homem por motivo de lealdade e não por maldade, poderia parecer que se trata de uma resignação fatalista diante da aporia entre causa primária e causas secundárias que estão determinando os acontecimentos na natureza e na vida humana. Daí a intenção do autor de deslocar o problema do âmbito cosmológico para o teológico, explicitando que sua atuação na história é por meio de seu Espírito, operando por meio da *Aliança* sagrada e não de um determinismo das forças cósmicas e telúricas da natureza.

[77] *Adesão pessoal* ao Deus da *Aliança*, cuja benevolência para com os fiéis é fonte de renovado vigor na vida espiritual. Se a fruição dos sinais de benevolência de Deus é tão benéfica e fonte perene de felicidade, é de notar, porém, que o ritmo em seu fluxo é descontínuo e, quiçá, estanque precisamente nos momentos mais necessitados. Por isso há a referência à misericórdia de Deus para animar-nos a pedir sua intervenção por motivo da bondade divina que transborda de misericórdia para com os fracos e pecadores.

[78] *Situação pessoal* de alguém que, embora prejudicado pelos insolentes, se mostra feliz até na desventura e, como fruto da fidelidade, atrai os irmãos na

fé à virtude e à união com Deus. A expectativa de ver diluir-se a insolência dos ímpios em vez de triunfar sobre eles é para ressaltar o fato de que a reabilitação dos fiéis injustiçados se dá no círculo dos tementes de Deus (v. 79) e talvez raramente na sociedade secularizada.

Oração

Oração de adesão ao Deus da *Aliança* para manter a integridade da fé e a vinculação com a comunidade dos fiéis, graças à misericórdia divina (v. 73-77), fonte de renovado vigor na vida espiritual para aqueles que se revitalizam na vivência da fé (v. 78-80).

Perseverança na prática do bem

Décima primeira estrofe: *Kaf* (v. 81-88)

81 Minha alma se consumiu, aguardando tua salvação;
espero em tua palavra.
82 Meus olhos se consumiam, aguardando tua promessa,
e eu dizia: "Quando me consolarás?".
83 Porque fiquei como um odre na fumaça,
mas não esqueci teus decretos.
84 Quanto durarão esses dias para teu servo?
Quando julgarás meus perseguidores?
85 Os insolentes cavaram fossos para mim;
eles não se conformam com tua lei.
86 Todos os teus mandamentos são fidedignos:
ajuda-me contra os que, injustamente, me perseguem!
87 Por pouco não me eliminaram da terra,
eu, porém, não abandonei teus preceitos.
88 Segundo o teu amor, reanima-me,
para que eu observe a instrução de tua boca!

Estrutura literária

82 I. Motivação: promessa divina
83 II. Situação pessoal: odre na fumaça
87 III. Adesão pessoal ao Deus da *Aliança*

[82] A *motivação* para a perseverança na prática do bem é a promessa de intervenção salvífica em favor dos que recorrem a Deus na oração. Concomitante à motivação psicológica é a virtude de confiança na intervenção de Deus. Várias dimensões estão incluídas na intervenção divina, salientando-se por isso a salvação de alcance muito amplo tanto na vivência espiritual como na vida física.

[83] *Situação pessoal* de prostração e crise interior. A comparação com o odre na fumaça apresenta a imagem do homem desfigurado em consequência das provações. Possível alusão ao costume dos antigos de pendurar na fumaça um odre cheio de vinho para amadurecê-lo e dar-lhe sabor. Nesse caso, o homem estaria sendo provado, como um odre na fumaça, para que se possa aquilatar sua virtude por meio do sofrimento. A interpretação do sentido dos sofrimentos em termos de provação é o ponto alto da ascese do AT. Reflexões sobre este problema crucial poderiam ser citadas em grande número, mas não abrem uma perspectiva de saída. Um novo sentido encontra-se no NT, que dá ao sofrimento *valor salvífico* quando assumido como participação na obra da redenção de Cristo. Além disso, é parte integrante do seguimento de Cristo no sentido de alguém levar a cruz por solidariedade com pessoas sofridas. Nisso se concretiza a resposta ao convite que Deus dirige a cada um para fazer de seu sofrimento um gesto concreto de participação na obra da redenção de tanta gente que anseia pela salvação e que Cristo continua realizando na história.

O sofrimento suportado em solidariedade com os oprimidos ultrapassa de longe a atitude de *ataraxia* dos estoicos, que ensinavam a prática da apatia como meio de superar a dor e a desesperança. Daí se exclui a ideia de que o sofrimento tenha valor em si, ou que se possa valorizar na aplicação de uma terapia de choque em casos de trauma. Valorizam-se sim as provações providenciais, físicas ou morais, como a doença, os lutos de família, as angústias da alma, os reveses da fortuna, porque muitas vezes são acompanhadas de graças internas que estimulam as pessoas a uma vida mais perfeita. Desapegam-nas de tudo o que obstaculiza o encontro com Deus, purificam a alma pelo sofrimento, fazem-na desejar o céu e a perfeição que é o caminho para lá, contanto que a alma tire proveito dessa prova, para se voltar para Deus.

As perseguições movidas pelos ímpios contra comunidade de fé não visam ilustrar a situação de provações dos fiéis (v. 84-86), mas têm por objetivo salientar a necessidade do *dom da perseverança final*, o mais precioso de todos os dons de Deus. É indubitável que não podemos merecer esse dom, mas podemos alcançá-lo da misericórdia divina. Ademais, não teremos para isso que fazer senão unir-nos às orações em que a Igreja nos manda pedir a graça de uma boa morte. Ao longo dos anos da vida humana é de proveito recorrer à ajuda divina no meio das dificuldades mais espinhosas, pedindo o dom de dar-se a Deus. Munido desse dom é que o apóstolo Paulo chegou a alegrar-se por seus sofrimentos suportados pelos cristãos, sabendo bem que sofrer com Cristo é meio de suprir em sua carne o que falta às tribulações de Cristo (Cl 1,24). Evidentemente não se trata de alguma lacuna na *redenção objetiva* realizada por Cristo no Calvário, mas da *redenção subjetiva*, isto é, da aplicação dos méritos da redenção a cada ser humano, para a qual contribuem as provações suportadas por todos os cristãos: "*Sofrerão perseguições todos os que aspiram a viver piedosamente em Cristo Jesus*" (2Tm 3,12). Embora São Paulo fosse inspirado por heroísmo em momentos de arroubo espiritual ao oferecer sua vida sofrida a Deus como vítima de oblação pelo bem espiritual das comunidades, no dia a dia ele dependia da *constância* no esforço incessante em lutar e até sofrer, sem sucumbir ao cansaço, ao desalento ou à moleza.

87 *Adesão pessoal* a Deus, mediante a submissão da vontade humana à vontade divina, na observância dos preceitos da sagrada *Aliança*. As energias da vontade humana, porém, podem distender-se e afrouxar-se pelo abatimento moral ou pelo desalento, deixando a alma ao sabor de suas más inclinações. Por isso, é preciso recorrer à oração para pedir de Deus o dom da perseverança, da fortaleza e da constância para a observância de seus preceitos.

ORAÇÃO

Oração de adesão ao Deus da *Aliança*, pedindo socorro para ser confortado, em meio às provações (v. 81-85), e fortalecido para não sucumbir ao peso das dificuldades, no cumprimento dos bons propósitos (v. 86-88).

Perenidade da lei de Deus

Décima segunda estrofe: *Lamed* (v. 89-96)

89 Para sempre, SENHOR,
está firmada tua palavra no céu.
90 Tua fidelidade dura de geração em geração:
estabeleceste a terra, e ela permanece;
91 por tuas decisões permanecem até hoje,
pois o universo está a teu serviço.
92 Se tua lei não tivesse constituído minhas delícias,
eu teria perecido na minha aflição.

93 Jamais esquecerei teus preceitos,
pois por eles me fizeste reviver.
94 A ti pertenço: salva-me!
pois tenho procurado teus preceitos.
95 Os ímpios esperavam perder-me,
mas eu estou atento às tuas prescrições.
96 Vi que toda perfeição tem limite,
mas o teu mandamento é de amplidão ilimitada.

Estrutura literária

89 I. Motivação: palavra eterna de Deus
94 II. Adesão pessoal ao Deus da *Aliança*
95 III. Situação pessoal: ameaçado de destruição

Comentário

89 A *motivação* para a observância dos mandamentos é a imutabilidade da palavra de Deus, que já se manifesta nas leis cósmicas. Muito mais na lei divina que está acima de todas as vicissitudes históricas e contingências humanas. A questão da imutabilidade poderia ser entendida como uma lei férrea que não considera as circunstâncias específicas de cada pessoa. Por outro lado, há que se considerar a necessidade de valores absolutos na ética. Para evitar o perigo de cair num relativismo ético, como é praxe entre os autores da "ética da situação", é preciso ter presente a dupla perspectiva da ética pessoal. Na fundamentação moral, a ética cristã sublinha que a universalidade das normas éticas se funda no âmbito antropológico, pois a pessoa é considerada o ponto de referência entre o lícito e o não lícito. Além disso, é no ser humano que está radicado o valor ético fundamental, a dignidade humana. Entretanto, do confronto entre a dimensão universal da norma e a complexidade e a concretude das situações morais nasce a "flexibilização". Trata-se da maleabilidade que reflete a possibilidade de "exceção", assim como favorece o ajuste pela solução prática.

Além da dimensão perene das normas absolutas da ética, há também verdades reveladas que são eternas e por isso imutáveis. Primeiro, convém lembrar que uma verdade — para ser realmente autêntica e ter valor perene — tem que ser eterna, pois não está sujeita aos condicionamentos do tempo e do espaço ou de outras categorias do pensamento humano. Essas verdades manifestam a natureza de Deus e referem-se à criação do homem e do universo, à santificação do homem, à sua reabilitação pela obra da redenção de Cristo. É digna de nota a referência à lei divina como fonte de delícia (v. 92), por causa do caráter absoluto da lei normativa, porque serve de modelo para que a ética pessoal reproduza a lei divina na realidade. É motivo de inspiração, um estímulo orientador, que o ser humano recria e encarna em sua atuação, sem obrigação de ater-se sempre a um mimetismo que exclua uma certa dose de criatividade, quando a simples norma revela-se insuficiente para a práxis.

94 *Adesão pessoal* ao Deus da *Aliança*, cuja vinculação é permanente e imutável, enquanto o homem for fiel no cumprimento de seus compromissos e, quando extraviado, implorar a salvação. Quando o indivíduo reza a Deus dizendo: "A ti pertenço", não se evoca meramente a resposta do candidato à admissão da comunidade de fé, mas também seu compromisso de aderir à *Aliança* sagrada. Por isso acrescenta-se o pedido a Deus por salvação, porque a *Aliança* visa à salvação dos fiéis do Povo Eleito. O compromisso de assumir os preceitos de Deus está relacionado com a eficácia da Aliança sagrada que depende da fidelidade humana em correspondência à fidelidade de Deus.

95 *Situação pessoal* do fiel sob ameaça de destruição pelos ímpios, mas confiante na graça e salvação divina, não podendo o homem redimir-se por esforço próprio. Na verdade, a aceitação dos limites que condicionam nossa ação é uma exigência da natureza humana que se pode constatar repetidamente em todos os campos de nossa atividade. Quando o esforço para alcançar um ideal que parece ser o melhor também coloca em perigo a busca do maior bem possível, então é preciso sacrificar aquele para alcançar este. "Toda a perfeição tem limite": a perfeição natural é limitada pela própria meta ao alcance do homem, criatura profundamente limitada; o mandamento divino, porém, é ilimitado em seu âmbito e sua duração.

Oração

Oração de adesão ao Deus da *Aliança*, cuja palavra imutável garante a permanência do cosmo (v. 89-91) e é fonte inexaurível de virtude para o crescimento na vida espiritual (v. 92-96).

A lei divina como fonte de sabedoria

Décima terceira estrofe: *Mem* (v. 97-104)

97 Quanto amo a tua lei!
É minha meditação, todo o dia.

98 Teu mandamento me tornou mais sábio que meus inimigos,
pois o tenho sempre comigo.
99 Tornei-me mais perspicaz que todos os meus mestres,
pois meditei em tuas prescrições.
100 Tenho mais discernimento que os anciãos,
pois observei teus preceitos.
101 Desviei meus pés de todas as veredas do mal
para guardar tua palavra.
102 Não me afastei de tuas decisões,
pois foste tu que me instruíste.
103 Quão doces são ao meu paladar tuas promessas!
Mais que o mel à minha boca.
104 Graças a teus preceitos, tenho discernimento;
por isso detesto todas as veredas da mentira.

Estrutura literária

97 I. Adesão pessoal ao Deus da *Aliança*
98 II. Situação pessoal: superioridade em relação a outros
103 III. Motivação: promessa divina

Comentário

97 *Adesão pessoal* ao Deus da *Aliança* pelo amor, que orienta a alma diretamente para Deus e apodera-se da vontade humana, fazendo-a abraçar a vontade divina, explicitada pelos mandamentos e deveres de estado. É bom lembrar que o amor a Deus se decide na opção da pessoa e de cada um sobre a própria vida, no núcleo de seu "eu" livre, onde a pessoa, em cada uma de suas decisões, possui a si mesma e decide sua vida. Ao mesmo tempo, o amor a Deus consiste em uma relação pessoal, cônscia e vivencial da pessoa com Deus Pai.

98 *Situação pessoal* de superioridade em relação a outros: trata-se das vantagens espirituais da lei divina, do ponto de vista da perfeição, pois, quanto mais fielmente observarmos a lei, tanto mais nos aproximaremos de Deus. Por outro lado, os inimigos de Deus e de sua lei afastam-se do caminho da salvação e da perfeição. A lei divina é também manancial de sabedoria, pois, ao meditá-la, os fiéis alcançam um entendimento que supera a sabedoria dos anciãos quando baseada apenas na razão e na experiência. Nesse ponto convém abordar a antítese de duas posições que marcaram a evolução e o progresso no discerni-

mento espiritual. O salmista é anterior à discussão entre o apóstolo Paulo e os fariseus. Com base em São Paulo, o cristão reconhece que o amor exerce uma função iluminadora sobre a inteligência, possibilitando um conhecimento mais pleno e profundo — precisamente o que faltava aos pagãos — e ao mesmo tempo um raro refinamento da percepção espiritual no sentido moral prático. O judeu tentava discernir o que mais convém valendo-se da Lei mosaica como norma orientadora, mas esse caminho era falso e enganoso. O apoio que ele buscava na Lei só lhe serviu para converter-se em "*guia dos cegos, luz dos que andam nas trevas, educador dos ignorantes e mestre dos que não sabem, possuindo na Lei a expressão da ciência e da verdade*" (Rm 2,19-20). O cristão possui outra metodologia na busca do bem, quando se sente renovado por dentro e o amor substitui o antigo regime da Lei mosaica. Acontece que, mesmo humanamente, nunca se poderá conhecer a fundo uma realidade ou uma pessoa, nem julgá-la com objetividade e plenitude, enquanto não se souber aproximar-se dela com uma rara dose de amor e compreensão.

103 A *motivação* para a conformidade com a vontade de Deus é sua promessa de não somente unir nossa inteligência ao pensamento divino, mas também de ligar-nos intimamente com seu amor, fonte de toda perfeição, promessa comparada com a perfeita doçura do mel. O sentido da comparação pode ser a antítese entre os termos "doçura" e "amargor" e os temas da "pertença" e da "ruptura" em relação ao Deus da *Aliança*. Para explicar essa comparação lembramos o texto com sentido correlato no livro de Jeremias: "*Compreende e vê como é mau e amargo abandonar o Senhor teu Deus*!". A justificativa para relacionarmos os respectivos termos e temas baseia-se no paralelismo entre as "promessas" anexas à *Aliança* (v. 103) e o Autor da *Aliança*, o "SENHOR teu Deus" (Jr 2,19).

ORAÇÃO

Oração de adesão ao Deus da Aliança, para seguir o caminho da perfeição pela observância da lei divina, à luz do discernimento dos meios que levam a Deus (v. 97-99) e das práticas religiosas da comunidade de fé (v. 100-104).

A lei de Deus como farol luminoso

Décima quarta estrofe: *Nun* (v. 105-112)

105 Tua palavra é uma lâmpada para meus passos,
e uma luz para meus caminhos.

106 Fiz um juramento, e o confirmo,
de observar tuas justas decisões.
107 Estou extremamente aflito:
vivifica-me, SENHOR, segundo a tua palavra!
108 Aceita, SENHOR, as oferendas de minha boca
e ensina-me tuas decisões!
109 Tenho sempre nas mãos minha vida,
mas não esqueci tua lei.
110 Os ímpios armaram-me uma cilada,
mas não me desviei de teus preceitos.
111 Tuas prescrições serão sempre minha herança;
elas são a alegria do meu coração.
112 Inclinei meu coração a cumprir teus decretos
para sempre, até o fim.

ESTRUTURA LITERÁRIA

105 I. Motivação: a palavra de Deus é luz sobre o caminho
107 II. Situação pessoal: extremamente aflito
111 III. Adesão pessoal ao Deus da *Aliança*

COMENTÁRIO

105 A *motivação* para a constância na prática da fé é a palavra divina, fonte de luz para os fiéis, em todas as vicissitudes da vida. A imagem da lâmpada iluminando o caminho ilustra o uso na Bíblia de designar a religião como "caminho" dos fiéis em marcha rumo ao céu. É semelhante à praxe atual na espiritualidade de comparar o seguimento de Cristo com o "itinerário" dos cristãos. Os meios à nossa disposição para descobrir o caminho são a *graça divina* e a *revelação* da Palavra de Deus. Admitir outra fonte de conhecimento ou fundamentação moral é ir contra o caráter único e absoluto da graça e da revelação divina. A plena originalidade de Deus, manifestada em sua mensagem, constitui portanto o critério determinante para a busca de um comportamento adequado. Surge a pergunta sobre a função da lei natural e de toda moral humana. Porventura são válidas ou devem ser excluídas como categorias normativas por causa da primazia da *sola fides* no campo do protestantismo? Evidentemente, não, porque toda a ética bíblica confirma a orientação profundamente religiosa. A moral do Povo de Deus não se fundamenta em uma análise da natureza humana, mas provém imediatamente

da vontade do Deus da *Aliança*. Entretanto, a revelação divina e a racionalidade da conduta não são excludentes, pois aquilo que Deus manda e quer no campo da conduta é fundamentalmente aquilo que o próprio homem descobre que deve fazer. Desse modo, ficam mais bem explicados as mudanças evolutivas e até mesmo os juízos éticos contraditórios que aparecem frequentemente na Bíblia. Na verdade, o próprio Deus permite que o homem, como ser dotado de autonomia e responsabilidade, busque formas concretas de viver e relacionar-se com ele e expressar-lhe sua amizade. É de notar que na autocomunicação de Deus sua palavra e sua vontade se fazem presentes nessa palavra e nesse querer humano de encontrar-se com o bem. A forma de manifestar nossa obediência não consiste em nos submeter a alguns mandamentos, mas sim em nos mostrar dóceis às exigências e aos imperativos da razão e da graça, pois o que Deus quis foi nos conduzir por meio desse chamado interno e pessoal.

[107] *Situação pessoal* de extrema aflição por causa da hostilidade dos inimigos, que conspiram contra o fiel; "tenho nas mãos minha vida": é metáfora da vida em perigo, equivalente à expressão "tenho a vida por um fio"; aqui é o risco de vida que o fiel enfrenta por causa da fidelidade a Deus, estando disposto a dar a vida por seu amor.

[111] *A adesão pessoal* ao Deus da *Aliança* é comparada à herança de um precioso tesouro entregue aos que assumem as obrigações da pertença ao Povo Eleito; "inclinar o coração" é uma expressão bíblica para indicar sinceridade e inabalável disposição do homem para cumprir os mandamentos. A espiritualidade de alegria é a característica da vivência de fé da comunidade e de cada indivíduo. É um dos novos matizes da experiência religiosa tanto do AT como do NT. Quanto ao AT, tem sua origem no cântico de libertação de Moisés celebrando a travessia do mar Vermelho (Ex 15). No NT, essa espiritualidade recebe seu traço marcante na alegria pela vitória sobre a morte e pela glória da ressurreição de Cristo. Tudo isso se converte em mensagem de fé para toda a humanidade e constitui um componente essencial da espiritualidade cristã.

Oração

Oração de adesão ao Deus da *Aliança*, em meio aos perigos de uma sociedade hostil aos fiéis que praticam a religião (v. 105-110), dispostos a manter incólume sua fidelidade, como herança de um precioso tesouro que lhes foi entregue como dom perene (v. 111-112).

A lei da integridade moral

Décima quinta estrofe: ***Samek*** (v. 113-120)

113 Detesto a duplicidade,
  e amo a tua lei.
114 Tu és meu abrigo e meu escudo:
  espero em tua palavra.
115 Afastai-vos de mim, malvados!
  Quero cumprir os mandamentos de meu Deus.
116 Sustenta-me, segundo tua promessa, para que eu viva,
  sem que minha esperança fique frustrada!
117 Dá-me apoio! e serei salvo,
  e estarei sempre atento aos teus decretos.
118 Repudias todos os que se desviam de teus decretos,
  porque seus desígnios são enganosos.
119 Reduziste à escória todos os ímpios do país;
  por isso amo tuas prescrições.
120 Por temor de ti, minha carne estremece,
  e eu temo as tuas decisões.

Estrutura literária

113 I. Adesão pessoal ao Deus da *Aliança*
115 II. Situação pessoal: em meio aos malfeitores
116 III. Motivação: promessa divina

Comentário

113 *Adesão pessoal* ao Deus da *Aliança* com amor sincero, em contraste com a duplicidade enganosa dos que vivem alienados da lei divina. A questão em pauta é a atitude exigida da testemunha de fé na sociedade. Antes de entrar no assunto propriamente dito, o salmista concentra sua atenção na atitude da pessoa que exerce o papel de testemunha: a autenticidade no anúncio das verdades da fé. Mais do que elencar determinadas virtudes, por exemplo a sinceridade ou a integridade etc., é mister chamar a atenção para o perigo da duplicidade que pode afetar a credibilidade da testemunha. A duplicidade consiste na oposição entre aquilo que se pensa e o que se diz. Sua influência afeta os três níveis de atuação da testemunha: no nível do "dizer", trata-se do

anúncio da palavra de Deus. É muito importante, mas eficazmente é frágil e, às vezes, equívoca. Falta-lhe a verificação prática. Pois o dizer requer, por conseguinte, a eficácia e a comprovação do agir. O nível do "agir" constitui um valor determinante do testemunho. Não são palavras que convencem, mas ações. O agir ultrapassa o dizer e, definitivamente, se revela mais autêntico, convincente e eficaz. Tanto o "agir" como o "dizer" são a expressão do "ser". O nível do "ser" trata da testemunha como modo existencial do "ser", concreto e pessoal. É fonte das formas anteriores. O seu alcance, profundamente seguro e eficaz, é universal e vai muito além do "dizer" e do "agir". Ora, a duplicidade na atitude de uma testemunha deturpa a sua credibilidade como mensageira da fé.

[115] *Situação pessoal* do homem fiel na prática da virtude e da religião, em meio à hostilidade dos malfeitores. Surge a pergunta sobre o motivo de mencionar nos Salmos a trajetória dos malfeitores e ímpios, em vez de limitar-se ao grupo dos justos. Pois a oração comunitária é recitada na comunidade de fé e destina-se aos fiéis cujas preces não são ouvidas pelos ímpios, que não frequentam as reuniões litúrgicas. Todavia, há vários motivos para isso. Primeiro, quer-se reforçar os laços de solidariedade entre os fiéis que estão no mesmo barco e *en bloc* à mercê da agressão externa, com o intuito não de criar uma espiritualidade de vítima, mas de despertar a consciência de que todos os membros da comunidade têm necessidade de consolidar sua fidelidade em meio à adversidade. Eles têm o mérito de conservar-se fiéis graças à fortaleza e à confiança na ajuda de Deus. É uma fé de quem se sente solidário com a história dos povos e não apenas de uma pequena elite que discrimina grupos hostis. Segundo, os fiéis têm de se lembrar de que a comunidade de fé não é um fim em si. Ela é mediação da palavra de Deus, que se objetiva nos fatos históricos do povo de Israel, cujo destino está ligado ao desígnio salvífico de Deus na história. Se este povo deixasse de existir, Deus não teria um povo a seu serviço para estender sua influência sobre os outros povos, embora sejam ímpios, e para dar sequência à história da salvação. Ele ficaria desprovido da comunidade que representa sua mão com a qual atua no meio da humanidade. Terceiro, a comunidade, que recitava preces imprecatórias contra os ímpios na presença de Deus, professava tanto sua fidelidade comprometida com a *Aliança* de Deus como seu rompimento com os ímpios. Visava-se assim afastar o perigo de Deus castigar a todos por causa da impiedade de alguns. O pior que poderia acontecer seria, por causa dos ímpios em Israel, Deus abandonar o Povo Eleito e deixar de realizar seu desígnio salvífico na história. Quarto, a referência aos ímpios na prece comunitária atesta que todos os indivíduos são lembrados na presença de Deus e assim têm a certeza de lhes ser oferecida a salvação divina.

116 A *motivação* para a fidelidade à fé é a promessa divina de amparo aos membros do Povo de Deus. Nisso se baseia a relação entre Deus e homem, caracterizando-se pela atitude reverencial que inclui o temor de desagradar a Deus e separar-nos dele. A resposta moral de Israel é uma autêntica obediência religiosa, não uma pura observância, é um ato de adoração pessoal e não um cumprimento legalista sem conteúdo.

Oração

Oração de adesão ao Deus da *Aliança* para manter a constância na prática da fé com amor sincero (v. 113-115), confiante na salvação divina (v. 116-117) dos que perseveram na fidelidade, em meio a uma sociedade hostil à religião (v. 118-120).

Prática da justiça segundo as normas da lei divina

Décima sexta estrofe: *Ain* (v. 121-128)
121 Pratiquei o direito e a justiça:
não me entregues aos meus opressores!
122 Dá um penhor para o bem de teu servo:
que os insolentes não me oprimam!
123 Meus olhos se consumiram por tua salvação
e pela promessa de tua justiça.
124 Trata teu servo conforme o teu amor,
e ensina-me teus decretos!
125 Sou teu servo: dá-me discernimento,
para que eu conheça tuas prescrições!
126 Já é tempo de agires, Senhor:
violaram a tua lei.
127 Por isso amo teus mandamentos
mais que ouro, o ouro mais fino.
128 Por isso considero totalmente retos todos os teus preceitos,
e detesto todas as veredas da mentira.

Estrutura literária

121 I. Situação pessoal: cercado por opressores
123 II. Motivação: promessa divina
127 III. Adesão pessoal ao Deus da *Aliança*

Comentário

121 *Situação pessoal* do fiel, à mercê de opressores, cuja hostilidade serve de motivo para reagir à iniquidade com mais zelo e para implorar a salvação divina. Raramente se ouve dos fiéis que estejam assumindo uma atitude de maior fervor na vida religiosa quando cercados por uma sociedade secularizada, a não ser que sejam motivados por virtude heroica na perseverança e pela convicção pessoal de assim colaborarem na obra salvífica de Deus na história (v. 122). Pois a promoção da justiça tem dimensão comunitária porque se estende da coletividade dos fiéis até a sociedade secularizada.

123 A *motivação* para perseverar na esperança da salvação é a promessa da intervenção divina em favor dos fiéis. A perversidade dos malfeitores ao espezinhar a lei de Deus leva os fiéis a apelar à justiça divina, em defesa dos oprimidos e para castigo dos ímpios. Mais do que mera justiça punitiva ou retributiva, há a justiça preventiva, uma tarefa das mais urgentes dos líderes das religiões e dos governos, pois cabe a eles encaminhar a justiça preventiva como medida de solucionar os conflitos e de reconciliar os indivíduos que se digladiam com violência sem medir as consequências, correndo o risco de causar uma catástrofe final. O apelo à intervenção de Deus nas áreas de conflito (v. 126) baseia-se no argumento da credibilidade do Deus da *Aliança* tanto na história de Israel como na história das religiões, pois Deus se autocomunica por meio da história religiosa do Povo de Deus e não está ligado às forças da natureza como as divindades do paganismo.

127 *A adesão pessoal* ao Deus da *Aliança* manifesta-se nos fiéis pelo amor mais fervoroso na prática da fé, na medida em que se intensifica a hostilidade dos ímpios contra a comunidade dos fiéis. O compromisso de amar os mandamentos corresponde à adesão pessoal ao Deus da *Aliança*, pois esse ato de amor humano não é um sentimento intimista que brota da natureza humana, mas é a resposta humana à proposta de Deus de estreitar os laços de amizade por meio da *Aliança* com seu povo. O indivíduo que faz parte desse povo deve formular pessoalmente sua adesão à *Aliança*; em outras palavras: "amar os mandamentos", cuja prática mostra concretamente sua adesão à vontade significada de Deus Pai do Povo Eleito.

Oração

Oração de adesão ao Deus da *Aliança* para viver sob a proteção divina, prometida ao servo fiel (v. 121-123). A observância dos preceitos divinos em ambiente materialista acarreta uma série de dificuldades para os fiéis, cuja única proteção é a intervenção de Deus, que lhes sustenta a vida na provação (v. 124-128).

A luz da verdade ilumina o justo

Décima sétima estrofe: ***Pe*** (v. 129-136)

129 Admiráveis são tuas prescrições,
por isso minha alma as observa.
130 A revelação das tuas palavras ilumina,
dá discernimento aos simples.
131 Abro a boca e aspiro,
ávido dos teus mandamentos.
132 Volta-te para mim e sê-me propício,
como costumas, com quem ama teu nome[2]!
133 Firma meus passos através de tua promessa
e não deixes que mal nenhum me domine!
134 Livra-me da opressão dos homens,
para que eu guarde teus preceitos!
135 Que tua face se ilumine para teu servo,
e ensina-me teus decretos!
136 Meus olhos vertem torrentes de lágrimas,
por não se guardar a tua lei.

Estrutura literária

129 I. Adesão pessoal ao Deus da *Aliança*
133 II. Motivação: promessa divina
134 III. Situação pessoal: opressão do homem

Comentário

129 *Adesão pessoal* ao Deus da *Aliança*, mediante a observância dos mandamentos e pela conformidade com a vontade divina, identificando-se a alma com seus pensamentos, sentimentos e desejos. Ao tomar as prescri-

2 "Nome" como indicação da presença divina.

ções como objeto de admiração, o salmista quer valorizar o avanço da ética do Antigo Testamento, cujas origens estão na mais remota Antiguidade, e contudo não há nada de antiquado que a torne obsoleta. A originalidade está em fundamentar a moral de Israel na vontade de Javé, o Deus da Aliança, cujos preceitos são formulados pelos autores bíblicos no contexto da religião. Em matéria de organização religiosa e de aprimoramento moral existe, porém, um grande paralelismo, sem negar as diferenças e depurações realizadas quando foram assumidos pela revelação, entre os mandamentos divinos e os de outros povos próximos. É que existe uma convergência entre aquilo que Deus manda no campo da conduta e aquilo que o próprio homem descobre que deve fazer. Aliás, não é a norma como tal, mas o *valor* que constitui o verdadeiro objetivo do ato moral. Quando as normas éticas foram inseridas na Bíblia houve a influência determinante da inspiração do Espírito de Deus nas faculdades humanas do autor sacro para que fossem redigidas como *regras de salvação*.

133 A *motivação* para os fiéis seguirem o caminho da perfeição é a promessa anexa à sagrada Aliança, assegurando a manifestação da bondade Deus aos membros do Povo Eleito. São esses que rezam a Deus para receber sinais da benevolência divina. Em outras palavras, é um apelo a Deus para intervir em favor deles, quando situações adversas os oprimem. Entretanto, sabe-se que a eficácia desse apelo reside na oração comunitária e por isso se menciona a prece feita em "nome" de Deus, cuja presença não é genérica e vaga, mas localizada no santuário (v. 132).

134 *Situação pessoal* sob a opressão dos malfeitores, que causam um descalabro moral na sociedade. A oração apropriada a essa situação é a oração de súplica com pedidos especificados pela necessidade do orante, já que não há um padrão de preces prescritas *ad hoc*, porque a oração comunitária está inserida na liturgia do Povo de Deus, não dependendo das circunstâncias conjunturais. Sua eficácia depende da ação do Espírito de Deus na obra da salvação, e não da situação humana, sujeita às contingências existenciais dos indivíduos ou das comunidades. O máximo que se pode almejar é a nossa prece ter acolhida benévola "à luz da face divina", que corresponde à meta do bem-aventurado de ser recebido à *visão beatífica*. Trata-se de um dom preternatural concedido após a morte aos bem-aventurados, juntamente com outros seis dons. A experiência desse dom é tão maravilhosa porque dispõe a alma a ver a Deus e entrar em perfeita união com ele. Quem quisesse comparar a visão beatífica com a vista deslumbrante de uma paisagem projetaria erroneamente a situação da vida sensível na Terra para o céu. Ora, enquanto vivemos na Terra e nossa a alma está unida ao corpo

humano, pedimos a Deus que "sua face se ilumine" quando atender aos pedidos de seus servos (v. 135).

A expressão de pesar pela ofensa a Deus pode ser acompanhada de pranto. Trata-se da *compunção*, que tem duas aplicações: uma é a expressão de arrependimento pelos próprios pecados, a outra é a dor interior pelos pecadores impenitentes. Este gesto penitencial, motivado pela solidariedade humana, chama a atenção para a necessidade de sermos obrigados a assumir nossas próprias culpas e as dos outros. É que os desmandos de alguns põem em perigo a felicidade de todos, pelo fato de privarem a sociedade das bênçãos divinas. Não podemos lavar as mãos sem preocupar-nos com a conduta de outros e dizer: Se eles querem cair em pecado, é problema deles. Pois o pecado não é assunto privado dos pecadores, e tampouco o são as virtudes e os sacrifícios dos fiéis.

Oração

Oração de adesão ao Deus da *Aliança* para consolidar-se a fidelidade na fé, em meio a um ambiente hostil aos valores religiosos (v. 133-136), e para que recebam a proteção do alto os fiéis reunidos em oração, na presença divina (v. 129-132).

Justiça e verdade da lei de Deus

Décima oitava estrofe: *Ṣade* (v. 137-144)

137 Justo és, Senhor,
e retas são tuas decisões.
138 Promulgaste com justiça tuas prescrições
e com plena fidelidade.
139 Meu zelo me consumia,
quando meus adversários esqueciam tuas palavras.
140 Tua promessa é inteiramente aprovada,
e teu servo a ama.
141 Sou insignificante e desprezado,
contudo não esqueci teus preceitos.
142 Tua justiça é justiça eterna,
e tua lei é a verdade.
143 Sobrevieram-me angústia e tribulação;
todavia teus mandamentos são minha delícia.
144 Tuas prescrições são justiça eterna:
dá-me discernimento! e viverei.

Estrutura literária

140 I. Motivação: promessa divina
141 II. Situação pessoal: insignificante e desprezado
143 III. Adesão pessoal ao Deus da *Aliança*

Comentário

140 A *motivação* para amar a Deus e fomentar o zelo pela causa da fé é a promessa de proteção do justo. Por isso, os fiéis consomem-se de dor ao ver a rejeição dos valores religiosos por parte dos ímpios. Na Bíblia encontramos muitos aspectos da vida pessoal e social que estão incluídos na noção de "justiça" (v. 137-138), mas sem subordiná-los a meras conotações de um conceito comum. Por ser tão extenso o âmbito da justiça, especificou-se o alcance social e individual, atendendo-se aos direitos e deveres das pessoas como membros de uma sociedade organizada segundo ditames jurídicos e morais. As normas de justiça estão consignadas na Constituição do país, visando ao bem comum. Na Bíblia encontra-se também a definição da "justiça" como atributo de Deus. Com isso se afirma que Deus está atuando no mundo segundo as leis da natureza para o bem do cosmo, evitando-se o caos no universo sujeito a um destino cego. Além disso, chegamos a conhecer a natureza de Deus, que não é um Ser Absoluto abstrato, mas é Deus com qualidades próprias de uma pessoa. Outrossim, tanto a natureza de Deus como sua atuação não devem ser consideradas em abstrato, mas de modo concreto, nas relações específicas de solidariedade que ele contraiu com o Povo Eleito. Deus é justo porque corresponde àquilo que dele se pode esperar, como o Deus da Aliança. Aos poucos foi-se amplificando o significado de justiça a ponto de identificar-se com a atuação salvífica de Deus. À luz da intervenção divina no Povo Eleito, para castigo das infidelidades e recompensa da adesão à Aliança, a noção de justiça de Deus ganhou o matiz de "fidelidade". Nesse sentido, a justiça de Deus aplicada a cada pessoa, no Juízo Final, não é um "ajuste" pelos abusos e desvios de uma vida desgarrada, tampouco uma "compensação" pelos sacrifícios de uma vida piedosa, mas aí se ratifica e sanciona a plenitude da vida humana que se desenrolou sob a opção da liberdade em meio às alegrias e privações como sinais dos desígnios divinos de felicidade dos filhos de Deus na terra.

141 *A situação pessoal* do homem humilde, desprezado pela opinião pública, contrasta com a dignidade a ele atribuída por Deus, a cujo serviço estão todos os fiéis. O problema levantado na comunidade de fé tem repercussão na

abordagem da riqueza, do prestígio e da influência como recompensa pela virtude, pela pertença a um grupo de fiéis piedosos e pela solidariedade para com os necessitados. Na oração comunitária está inserida a prece nas intenções dos fiéis, cuja situação socioeconômica e cuja condição social modesta dão motivo para se queixarem de que sua comunidade de fé não tem credibilidade na opinião pública. O salmista não discute a questão, mas aponta o caminho de saída do problema. Na verdade, o protagonista da história é o Deus da *Aliança* agindo no mundo por meio de seu povo (v. 142). Seria errado, portanto, pensar que a comunidade de fiéis tenha que ter prestígio e influência social para que possa prestar sua colaboração a Deus na realização de seus desígnios na história.

143 *Adesão pessoal* ao Deus da *Aliança*, com intenso fervor para superar a tribulação e a angústia dos fiéis, à mercê da hostilidade dos ímpios, que ameaçam apartá-los da fidelidade na fé. A experiência de satisfação pessoal e delícia na espiritualidade que anima os membros da comunidade de fé contrasta com o sentimento de frustração e resignação fatalista daqueles que passam pela crise na fé em Deus e na vida espiritual.

Oração

Oração de adesão ao Deus da *Aliança* para manter a fidelidade na fé e nos desígnios salvíficos, realizados na história (v. 137-138), razão do engajamento dos fiéis na causa da fé e motivo de seu zelo (v. 139-144).

Validade perene dos mandamentos de Deus

Décima nona estrofe: *Qof* (v. 145-152)

145 Clamo de todo o coração: responde-me, Senhor!
Quero observar teus decretos.
146 Clamo a ti: salva-me,
para que eu observe tuas prescrições!
147 Antecipo-me à aurora para implorar auxílio;
espero em tua palavra.
148 Meus olhos antecipam-se às vigílias
para meditar em tua promessa.
149 Escuta, em teu amor, minha voz:
segundo tuas decisões, vivifica-me, Senhor!

150 Aproximam-se, esses infames perseguidores,
que se afastam de tua lei.
151 Tu estás perto, SENHOR,
e todos os teus mandamentos são verdade.
152 De tuas prescrições sei, desde muito,
que as estabeleceste para sempre.

ESTRUTURA LITERÁRIA

145 I. Adesão pessoal ao Deus da *Aliança*
148 II. Motivação: promessa divina
150 III. Situação pessoal: perseguido

COMENTÁRIO

145 *Adesão pessoal* ao Deus da *Aliança* e invocação do nome do Senhor, cujo amor e cuja fidelidade são a garantia da vinculação de Deus com seu povo. A opção pessoal pela observância das exigências da *Aliança* é a resposta do homem à proposta de Deus. A dimensão religiosa da ética do AT consiste na opção por Deus, para amá-lo "com todo o coração, com toda a alma e com toda a força" (Dt 6,5). É uma atitude profundamente religiosa e teocêntrica que se encarna e se expressa no cumprimento dos diversos preceitos. A resposta moral do Povo Eleito é uma autêntica obediência religiosa, não uma pura observância, é um ato de adesão pessoal ao Deus da Aliança.

148 A *motivação* para os fiéis guardarem a lei de Deus, em meio a uma sociedade incrédula, é a promessa anexa à *Aliança* que assegura a intervenção divina em favor da comunidade de fé. As promessas de proteção por parte de Deus podem ser descritas em termos de *fidelidade*. Por isso, a estrutura de *Aliança* faz da religião do AT uma religião de salvação e implica a obrigação de um compromisso ativo, como se depreende do serviço prestado a Deus na liturgia e na vida. Além da oferta de sacrifícios havia também as rezas dos fiéis reunidos no santuário por ocasião das horas canônicas e das vigílias noturnas, na véspera das solenidades religiosas.

150 *Situação pessoal* do homem, à mercê de cruéis perseguidores prestes a cair sobre ele; todavia, a presença de Deus proporciona-lhe proteção. O tema da presença divina junto ao Povo Eleito não se configurava exclusivamente em termos das consequências de suas teologias da Aliança e da Criação, mas

também no contexto do Templo e da liturgia. Concretamente, a presença divina se explicava como onipresença, em virtude da transcendência de Deus, mas sem distanciá-lo do mundo. O desafio para os salmistas era encurtar a distância infinita e acentuar a proximidade de Deus em relação ao povo de Israel. Em referência à história das religiões e aos povos pagãos se ressaltam: "*Os israelitas são o povo que lhe está próximo*" (Sl 148,14). A proximidade de Deus tem o respaldo na teologia do AT, que deu origem à imagem do céu como "*trono de Deus*" (Is 66,1) e explicava a Arca da *Aliança*, depositada no Templo, como "*escabelo de seus pés*" (Sl 132,7). A liturgia penitencial, celebrada no Templo, é uma das mediações dos dons salvíficos, porque "*O Senhor está próximo dos corações quebrantados e salva os espíritos abatidos*" (Sl 34,19). A oração comunitária é ocasião propícia para Deus atender à prece do aflito: "*Aproxima-te de mim, resgata-me, redime-me por causa dos meus inimigos*! (Sl 69,19). A súplica do homem oprimido, neste Salmo, não precisa ser dramatizada para chamar a atenção de Deus, pois basta um apelo: "*Tu estás perto, Senhor*" (v. 151).

Oração

Oração de adesão ao Deus da *Aliança* para, em meio a uma sociedade incrédula, perseverar na fidelidade à prática da fé (v. 149-152), com a ajuda da graça divina a ser alcançada por meio da oração constante e fervorosa (v. 145-148).

A palavra de Deus implica uma obrigação moral

Vigésima estrofe: *Resh* (v. 153-160)

153 Vê minha aflição e liberta-me!
pois não me esqueci de tua lei.
154 Advoga minha causa e defende-me,
vivifica-me, segundo a tua promessa!
155 A salvação está longe dos ímpios,
porque não cuidam dos teus decretos.
156 Senhor, copiosa é tua compaixão:
vivifica-me, segundo as tuas decisões!
157 Numerosos são meus perseguidores e adversários,
mas não me afastei de tuas prescrições.
158 Vi traidores da fé e senti desgosto,
porque não cumprem tua instrução.

159 Vê quanto amo teus preceitos:
vivifica-me, SENHOR, segundo o teu amor!
160 O princípio de tua palavra é a verdade,
e todas as tuas justas decisões são para sempre.

ESTRUTURA LITERÁRIA

153 I. Situação pessoal: aflição
154 II. Motivação: promessa divina
159 III. Adesão pessoal ao Deus da *Aliança*

COMENTÁRIO

153 *Situação pessoal* do homem aflito, em meio à hostilidade dos inimigos que conspiram contra sua vida de fervor religioso. A razão de o salmista insistir na situação angustiada de um dos fiéis da comunidade é ressaltar o fato de que qualquer indivíduo é capaz de rezar, pois, segundo o provérbio, a necessidade ensina o homem a rezar, mas importa acrescentar que somente a oração motivada pelo amor confiante chega até Deus. Porque as virtudes do amor e da confiança são de origem sobrenatural, de sorte que a oração suscitada por elas é inspirada pelo Espírito de Deus e não é um sentimento espontâneo que nasce da necessidade e do aperto. Além disso, o orante identifica-se como um dos fiéis da comunidade de fé e não como um indivíduo avulso que ocasionalmente faz uma prece a Deus, como se ele não precisasse da oração comunitária como mediação necessária para a eficácia dos pedidos dirigidos a Deus.

154 A *motivação* para manter a fidelidade a Deus é a promessa de proteção aos fiéis quando implorarem da misericórdia divina que os salve das mãos dos ímpios. A proteção divina é do âmbito espiritual, cujo alcance na existência humana não é como o último recurso quando todos os outros meios falharam. Atua por meio dos acontecimentos providenciais que influenciam as opções para configurar o rumo da vida humana, diante dos desafios apresentados pela realidade. É preciso, porém, fazer um discernimento levando em consideração o bem da comunidade e das famílias, pois as "promessas" anexas à *Aliança* destinam-se à comunidade de fé como paradigma de salvação da humanidade. A prioridade da *Aliança* divina com o Povo Eleito é primária e irredutivelmente uma instituição de salvação, cuja função é servir de mão direita de Deus no mundo. Portanto, não é uma instituição de promoção so-

cial que ocupe o lugar da obra assistencial do Estado e dos municípios. Fonte de inspiração é a misericórdia que transborda da bondade de Deus para com os fracos e pecadores (v. 156).

159 *Adesão pessoal* ao Deus da *Aliança* pela fidelidade à vontade divina, expressa nos preceitos impostos aos fiéis, em razão da vocação à comunidade do Povo Eleito. Essa adesão é formal e plenamente assumida com convicção pessoal. Entretanto, não é um compromisso frio, mas implica afetos e sentimentos, porque uma opção dessa natureza não se restringe à cabeça, que pensa, mas desce ao coração, que sente, como sede do amor humano. Quanto ao teor da revelação divina que dá respaldo às normas e metas da mensagem bíblica, trata-se de princípios e não de meras sugestões, pois se baseiam na "verdade" em sentido soteriológico e não em sentido gnosiológico (v. 160).

Oração

Oração de adesão ao Deus da *Aliança* para receber sua proteção, prometida aos fiéis, que, em situação de grande angústia, têm na oração seu único recurso (v. 153-156). A intervenção de Deus em defesa de sua causa e contra a hostilidade dos ímpios realiza os desígnios salvíficos no mundo (v. 157-160).

Paz interior na observância da lei de Deus

Vigésima primeira estrofe: *Shin* (v. 161-168)

161 Príncipes perseguiram-me sem motivo;
mas é de tua palavra que sente temor meu coração.
162 Encontrei alegria em tua promessa,
como quem encontra grandes despojos.
163 Detesto e abomino a falsidade;
amo, ao invés, tua lei.
164 Louvo-te, sete vezes ao dia,
por tuas justas decisões.
165 Grande paz têm os que amam tua lei:
para eles não há tropeço.
166 Espero de ti, SENHOR, a salvação:
eu cumpro teus mandamentos.
167 A minha alma tem observado tuas prescrições;
eu as amo ardentemente.

168 Tenho observado teus preceitos e prescrições,
porque estão diante de ti todos os meus caminhos.

Estrutura literária

161 I. Situação pessoal: perseguido pelos príncipes
162 II. Motivação: promessa divina
163 III. Adesão pessoal ao Deus da *Aliança*

Comentário

161 *Situação pessoal* do homem perseguido pelos príncipes. Segundo sua consciência religiosa, deve-se mais temer a Deus que aos príncipes. Não se trata da lei do mais forte que nos impõe a norma de agir, mas da fidelidade às exigências de Deus que implica a adoção de várias medidas e atitudes, embora incompatíveis com o procedimento em vigor na sociedade. Muitas vezes, a vida tem que caminhar à frente da moral; e esta, por sua vez, deve iluminar a vida para que não haja retrocesso na busca do bem.

162 A *Motivação* para cumprir seu dever, como servo de Deus e membro da comunidade de fé, é a promessa anexa à sagrada *Aliança*, assegurando aos fiéis a participação nos dons da salvação divina. O sinal de uma boa escolha na opção moral é o compromisso de vida que não está apenas nos sentimentos de júbilo, paz e alegria, que tanta importância adquirem no campo do discernimento espiritual: está sobretudo em uma confirmação posterior na vida prática, por meio de um verdadeiro compromisso no esforço de ajuda para que uma sociedade menos humana possa passar a uma sociedade mais humana.

163 *Adesão pessoal* ao Deus da *Aliança* pela observância da lei divina, como meio comprovado de fazer a vontade de Deus e viver no amor para ele. O fiel cumprimento dos mandamentos e dos deveres de estado, por um lado, é caminho seguro de chegar à perfeição e à salvação e, por outro, manifesta a disponibilidade do homem à benevolência divina, assegurando-lhe favorável atendimento das preces por ajuda e proteção. É de notar, porém, que vivemos num espaço cultural no qual tantas interferências se entrechocam a ponto de neutralizar os bons propósitos. Surgem também novos valores que adquirem matizes bem diferentes das exigências tradicionais, apresentando-se como muito mais fascinantes e empolgantes, de sorte que numerosos fiéis se sentem impotentes para resistir às pressões do ambiente. Eis aí uma crise

ética proveniente da apatia em matéria de fé, deixando um vazio na alma quando alguém troca o amor a Deus por frivolidades.

Uma das peculiaridades deste Salmo é a centralidade da vontade significada de Deus nos mandamentos. É mencionada também a exigência de que os guardemos fielmente e que temamos as penas pela transgressão. Mas o que surpreende é que nos propõe a "amá-los ardentemente" (v. 167). Trata-se da revelação das verdades que estão expressas como exigências e não meramente como ensinamentos. Têm o mérito de enfatizar a prática do que é bom e profícuo à glória de Deus e à nossa felicidade. Além disso, é pela prática que alcançamos a plena integração social e nos tornamos membros efetivos da comunidade de fé e da comunidade ética.

Oração

Oração de adesão ao Deus da *Aliança*, em atitude de temor reverencial e filial diante do divino Soberano, na superação do temor servil ante os governantes (v. 161-163), como meio de alcançar paz e proteção para seguir o caminho da perfeição e salvação (v. 164-168).

Anseio de salvação

Vigésima segunda estrofe: *Taw* (v. 169-176)

169 Que meu clamor chegue à tua presença, Senhor:
dá-me entendimento, segundo tua palavra!
170 Que minha súplica chegue à tua presença:
livra-me, segundo tua promessa!
171 Que meus lábios proclamem teu louvor,
pois me ensinas teus decretos.
172 Cante minha língua tua promessa!
pois todos os teus mandamentos são justos.
173 Venha tua mão em meu socorro!
pois escolhi teus preceitos.
174 Anseio por tua salvação, Senhor,
e tua lei é minha delícia.
175 Viva minha alma para te louvar,
e tuas decisões me ajudem!
176 Eu, como ovelha desgarrada, me extraviei:
vem em busca de teu servo!
pois não esqueci teus mandamentos.

Estrutura literária

170 I. Motivação: promessa divina
174 II. Adesão pessoal ao Deus da *Aliança*
176 III. Situação pessoal: ovelha desgarrada

Comentário

170 A *motivação* da súplica pela salvação é a promessa de favorável atendimento das preces dirigidas a Deus. É uma das inovações inconcebíveis entre as religiões extrabíblicas: Deus está presente na história dos indivíduos e de seu povo, servindo de paradigma para os outros povos o modo como ele está atuando. Precisamente num marco teocêntrico é que Israel afirma o primado do homem por ser portador dos dons salvíficos para os outros. Com base na experiência religiosa é que o Povo Eleito reconheceu que a soberania de Deus não é feita pelo sentido do homem, mas antes constitui o seu fundamento. Deus e o homem acham-se vinculados: salvam-se ou perdem-se juntos.

174 *Adesão pessoal* ao Deus da *Aliança* pela conformidade da vontade humana com a vontade divina, em constante busca da perfeição e da salvação. É parte constitutiva da revelação divina de que Deus está relacionado com o Povo Eleito. É uma relação pessoal, porque Deus não se vincula a Israel em seu conjunto, mas busca antes cada indivíduo um por um; é pessoal, porque tanto a comunidade como o indivíduo têm que dar a Deus não alguma coisa, mas eles mesmos. Um dos sinais da experiência espiritual da pertença a Deus é a alegria da doação e do intercâmbio de dons, beneficiando o indivíduo e a comunidade de fé.

176 *Situação pessoal* do homem, que, comparado a uma ovelha desgarrada, anseia pela segurança na vida e na amizade com Deus, no convívio com os irmãos na fé. À primeira vista pode parecer que a ênfase está no pecador arrependido, mas se se olha mais de perto vislumbra-se o verdadeiro semblante de Deus que ama os pecadores e os aguarda como pai amoroso: Deus regozija-se com sua volta e quer que sua alegria seja compartilhada. Revela-se assim a imagem de um Deus misericordioso que se alegra quando pode dar o perdão, em contraste com a imagem de um Deus justiceiro, prestes a punir os pecadores. Ele se alegra com isso como tinha se alegrado com as obras da criação, pois o coração reconciliado é uma obra divina de tal magnitude na ordem da salvação quanto o é a da ordem da criação. É de notar que a virtude da misericórdia divina é o motivo de Deus Pai ter enviado seu Filho ao

mundo. Na verdade, não era preciso que Cristo manifestasse a onipresença, a onipotência ou a onisciência de Deus, mas sim sua misericórdia. Com a reabilitação no estado de graça, o pecador arrependido torna-se um "servo" que colabora na obra de redenção de Deus.

Oração

Oração de adesão ao Deus da *Aliança*, para que, não obstante tantos perigos, cumpra a promessa de salvação. Com a fiel observância da lei divina, presta o homem sua homenagem de louvor a Deus, na liturgia e na vida.

PEDAGOGIA BÍBLICA III

Introdução

O diálogo religioso na comunidade dos fiéis pressupõe a adoção de formas de método e linguagem que seja acessível aos grupos de pessoas de diversa procedência e diferentes níveis de cultura. Antes de tudo, é papel da *pedagogia* promover a interiorização dos conteúdos da fé e a assimilação dos modos de vivência, transmitida pelas tradições religiosas, mediante a inculturação dos temas e das expressões em maravilhosa variedade de modelos contemporâneos na mentalidade dos jovens e adultos. Nesse processo de assimilação dos valores do passado se evita a ruptura daquilo que costuma ser tachado de obsoleto e defasado graças ao engajamento na busca da plenitude, uma sede de autorrealização, um gosto pelo compromisso, anseio pela bondade humana básica, envolvimento no serviço, entrega total de si para Deus e um apego ao transcendente em seus símbolos, rituais e na própria vida, embora não estejam ausentes a fraqueza, o sentimento da miséria humana, o peso da culpa e a busca da salvação.

TEMAS ESPECIAIS

Composição

O Salmo 119 é um Salmo sapiencial. Não é, portanto, uma simples homenagem à Lei divina, inspirada por uma espiritualidade baseada na "devoção à Lei". É a expressão da busca e da manifestação em oração da plena adesão pessoal a Deus, isto é, trata-se, acima de tudo, de atos de vontade, pelos quais se expressa a Deus o amor e o desejo de glorificá-lo, pois os preceitos da Lei divina são regras de salvação. Sua observância é a resposta de amor e obediência a Deus, na oração, na liturgia e na vida cotidiana. Quanto à forma literária, é um Salmo composto de vinte e duas estrofes, em acróstico alfabético. Cada estrofe compõe-se de três partes: a situação pessoal, a motivação e a adesão pessoal ao Deus da *Aliança*. Os versos restantes destinam-se a dispor a vontade no sentido da adesão pessoal. A época de sua composição é pós-exílica.

Salmos sapienciais

Os temas dos escritos sapienciais são problemas existenciais da vida e da experiência humanas. São também a busca e a aquisição da sabedoria de Deus para desvendar os desígnios divinos a respeito da felicidade dos seres humanos. A abordagem dos temas distingue-se dos outros escritos bíblicos por ser redigida em forma de reflexão e meditação. O objetivo dos autores bíblicos que escreveram livros sapienciais, em poesia e prosa, não é elaborar uma fenomenologia do homem na modalidade de um monólogo de um sábio sobre a natureza e a vida humana. Mais importante é, portanto, apontar com precisão o objetivo de levar a comunidade e (ou) a pessoa a um diálogo com Deus, por meio do qual Deus se autocomunica mediante as mensagens salvíficas, que vão ao encontro das aspirações e dos desejos de felicidade humana.

Os Salmos sapienciais não são meditação discursiva, que consiste em algumas considerações que acompanham a oração dirigida a Deus. Tampouco são meditação afetiva, em que predominam os piedosos afetos, formulados de diversas maneiras. Na verdade, são oração de adesão pessoal a Deus, pelos quais se expressa a Deus o amor e o desejo de glorificá-lo. É de notar que os Salmos destinam-se à celebração litúrgica, na modalidade da recitação do *Saltério* no Templo ou da reza do *Ofício Divino* na Igreja, ou então como aclamações litúrgicas em forma abreviada nos responsórios ou estrofes recitadas na Santa Missa como antífona da entrada ou da comunhão. Tanto a recitação privada como a pública dos Salmos fazem parte da liturgia celebrada pelos fiéis reunidos no Templo como comunidade soteriológica do AT, cuja continuidade histórica se estende para a comunidade cristológica da Igreja por ser a herdeira da tradição religiosa do Povo Eleito do Antigo Testamento.

A finalidade litúrgica dos Salmos sapienciais destaca-se pelo diálogo entre Deus e os fiéis. Estes são interlocutores qualificados para prestar o reconhecimento pela revelação divina expressa nos ensinamentos e nas normas relativas à vivência da fé e à vida moral. O objetivo é apresentar não só como deve ser a conduta humana correta, mas também a validade de um itinerário duro, tanto por causa das dificuldades do ambiente como pelas crises interiores, solucionadas com a perseverança em tender à perfeição na união com Deus.

A poesia do Salmo

O Salmo 119 é um longo poema, destinado a estilizar esteticamente a oração para a celebração litúrgica do Povo de Deus. No Saltério há vários tipos de composição poética (salmo, hino, ode sacra, poema, prece, cântico, treno etc.). O Salmo 119 é classificado como Salmo, embora a palavra — em hebraico מזמור (*mizmôr*) — "salmo" não conste no cabeçalho. Quanto à forma poética, é do gênero lírico, estruturado como poema de vinte e duas estrofes de oito versos, compostos em acróstico alfabético. É digna de nota a modalidade do acróstico, que é o mais ampla possível, pois consta no início de cada estrofe e de cada verso. Não é de se estranhar ter sido a inspiração poética sacrificada à forma literária, porque a sequência das ideias estava subordinada à variedade de termos apropriados, listados no léxico hebraico.

Os Salmos em geral foram escritos em poesia por quatro motivos: primeiro, conforme o costume semita, assuntos importantes para a existência humana eram escritos em poesia, não por razão estética, mas sim didática; segundo, os salmistas usavam linguagem poética para transmitir às futuras gerações cânticos religiosos para uso no culto litúrgico; terceiro, a intuição poética faz o salmista submergir em vivências humanas alheias, delas fazendo matéria de sua criação poética, formulada como oração, de acordo com o estado de alma de onde ela nasceu primitivamente e com o estado de alma atual do orante; quarto, a leitura em voz alta do texto em versos desperta certos elementos de natureza essencialmente orais, aclarando a sensação do ritmo, pela entoação. Na recitação em público os Salmos revestem-se de grande expressividade, e sua entoação é importante no uso litúrgico. Os textos em poesia prestam-se à recitação, ao passo que os trechos em prosa, à leitura. Da recitação assídua resulta a memorização dos Salmos. Isso leva à assimilação da espiritualidade litúrgica, que assim continua alimentando a alma dos fiéis na vida cotidiana.

Distinguimos o "eu" do artista que escreve o Salmo do "eu" do protagonista dramatizado no Salmo. Essa distinção baseia-se na praxe litúrgica em que os autores sacros tomam emprestado um personagem para estampar nele determinadas atitudes morais. A intenção é levar o orante a perceber os traços marcantes que possa aplicar a si para proveito de sua vida espiritual[1]. Além disso, ocorrem também descrições de grupos e tipos gerais da sociedade para ilustrar comportamentos ou situações humanas de alguns membros da comunidade de fé. Os salmistas não fazem aí o retrato de si mesmos nem intercalam traços biográficos da vida pessoal. O que fazem, sim, é emprestar sua voz ao homem enfermo, aflito ou excluído da comunidade, ou então a quem está privado da proteção da lei ou se encontra em situação de insegurança, relegado a um estado de total abandono. Apontam para a crise que afeta a comunidade como um todo, porque graves defeitos ou chagas profundas no corpo social trazem sério perigo à sua sobrevivência. As causas reais dessa situação devem ser ditas às claras e merecem ser lembradas na prece comunitária para motivar os responsáveis da comunidade a tomar medidas eficazes a fim de eliminar o mal pela raiz, para o bem da vida em comum.

As atitudes humanas descritas pelos salmistas fazem parte de uma ilustração de determinados perfis e não chegam a ser retratos de personagens que os salmistas tivessem criado e introduzido nos cânticos sacros. Por isso

1 Cf. C. PICKSTOCK, *After Writing*. On the Liturgical Consummation of Philosophy, Oxford, Blackwell, 1998, 186.

os salmistas não poderiam identificar-se com personificações literárias nem reproduzir qualidades pessoais por eles possuídas. Não eram imitações, mas sim prolongamentos de qualidades marcantes de sua vida.

O objetivo dos salmistas não é, porém, formular e desenvolver ideias que inspirem os fiéis na oração comunitária, mas dramatizar a prece confiante do homem aflito e sua fé em Deus, cuja honra está em jogo. Aparece o perfil religioso de pessoas que se distinguiram no esforço para desempenhar sua *missão na vida*. São exemplos que ensinam o orante a haurir da oração força para assumir sua missão na vida como meio de colaboração no desígnio salvífico de Deus para a humanidade. Fator importante nessa dramatização é o calor do sentimento da pessoa, pois os Salmos são dirigidos não tanto para a mente, mas antes para o coração dos que os recitam na oração comunitária.

Espiritualidade

A espiritualidade do Salmo 119

Trata-se da vivência da fé na liturgia por meio da oração comunitária e, ao mesmo tempo, de sua aplicação à vida. Implica atitudes dos fiéis que se esforçam em desempenhar sua missão na vida segundo os parâmetros religiosos do Povo da *Aliança* em união com Deus. Seu âmbito não se restringe ao particularismo judaico, mas estende-se à comunidade litúrgica que abrange os fiéis do Povo Eleito e os prosélitos que integram o Povo de Deus. A solidariedade entre as pessoas que a compõem, baseada na participação de princípio único profundo, é a vinculação com Deus pela *Aliança* sagrada e a inserção na comunidade soteriológica do AT, cuja continuidade histórica se estende para a comunidade cristológica do NT. Por isso, a ênfase na conformidade à vontade de Deus, pormenorizada na Lei divina, não quer atribuir ao voluntarismo ético o papel de vivência e crescimento na vida de perfeição, mas à adesão pessoal a Deus como Autor da *Aliança* sagrada e Pai do Povo Eleito. Daí que a natureza da religiosidade bíblica não se reduza a uma higiene da alma ou a uma terapia espiritual de quem se submete à Lei recitando os versos dedicados aos oito sinônimos (preceitos, prescrição, decretos, mandamentos, decisões, palavra, estatutos, testemunhos). Aliás, nunca se menciona meramente a "Lei", mas sempre a "tua Lei", isto é, a Lei de Deus.

Caracteriza-se como espiritualidade porque a convivência humana se baseia no intercâmbio animado pelo amor e pela piedade para com Deus e pela solidariedade para com as pessoas, favorecendo a completa educação pessoal e social dos filhos. O fator determinante na vida espiritual é o amor a Deus e ao próximo, porque o ser humano só se desenvolve como pessoa por meio do amor e só transcende a si mesmo quando sua existência, imbuída de amor, é partilhada com os de sua família e se estende para Deus, mediante sua ação participativa na missão da comunidade de fé.

A importância da espiritualidade comunitária inspirada na experiência de fé e vivenciada na comunidade está na percepção dos sinais da presença atuante de Deus na vida cotidiana. Essa experiência de fé é descrita pelos salmistas como manifestação verdadeira da bondade divina que transborda de amor pelo ser humano: antes que alguém professasse a fé em Deus, a solicitude e a ternura de sua mãe eram a expressão da própria bondade divina para com Ele.

> 10 Na verdade, és tu que me tiraste do ventre materno
> e me confiaste aos seios de minha mãe.
> 11 Desde o nascimento fui entregue a ti,
> desde o ventre de minha mãe és tu meu Deus (Sl 22,10-11).

Alguém poderia objetar que o salmista projeta um sentimento subjetivo para Deus, como mera sublimação do amor, elevando-o ao nível mais alto, a saber, o amor de doação de si mesmo. Mas essa objeção só seria válida se o indivíduo em questão fosse uma pessoa avulsa rezando a Deus e não, como é o caso na oração dos Salmos, um dos fiéis da comunidade de fé e membro do Povo Eleito. Com efeito, é interrogando a razão iluminada pela fé que entendemos o elemento essencial de nossa perfeição, que é o amor que nos une a Deus, que se autocomunica por meio da *Aliança* sagrada com seu povo[2].

Espiritualidade de alegria

Um traço marcante de espiritualidade bíblica é a alegria. Em oposição a esta espiritualidade há correntes de austeridade e severidade daqueles que, cheios de boa vontade, se empenham com fervor ou entusiasmo excessivo no trabalho da própria perfeição, mas acabam por se fatigar e esgotar com esforços inúteis.

2 O salmista identifica o servo sofredor no Salmo 22 (21) como "amigo de Deus" (Is 41,8), e como tal é figura representativa do Povo Eleito, passando pela provação extrema de se sentir abandonado por Deus, embora continuasse em vigor a *Aliança* sagrada com o povo de Israel. São quatro poemas dedicados ao "Servo do Senhor" (Is 42,1-4; 49,1-6; 50,4-9; 52,13–53,12). Nesses poemas descreve-se o amor divino encarnado na figura humana como "amor de doação". Nos textos fora da Bíblia se fala de diversos tipos de amor: amor oblativo, amor solícito, amor possessivo, amor contrito, amor confiante, amor agradecido, amor benevolente, amor erótico, amor livre etc.

A causa principal da alegria espiritual da comunidade de fé é a presença atuante de Deus sentida na liturgia e na vida (Sl 119,14.74.111.162). Na comunidade cristã expressa-se também a alegria espiritual na liturgia da Eucaristia dominical, cuja celebração não se reduz a uma revivescência (*revival*) cultual, porque os fiéis festejam a união com o Cristo sacramental. O elemento específico dessa vivência festiva é a alegria pela vitória sobre a morte e alegria pela glória da ressurreição de Cristo. Tudo isso se converte em mensagem de fé para toda a humanidade e em componente essencial da espiritualidade cristã.

Essa alegria tem como fonte primária o próprio Deus da *Aliança*. É portanto dom de Deus e não fruto do intelecto humano ou da faculdade volitiva, embora contribua como meio de coordenação e como instrumento harmonizador dos desejos. O dom de alegria espiritual nutre-se num clima de fraternidade e numa comunidade convivial. A alegria é propícia para se criar um ambiente de espontaneidade na manifestação de emoções, de expansão eufórica e animação lúdica da mocidade, na conversação descontraída dos adultos e na convivência entre os familiares no pequeno círculo do lar. Não menos importante é o efeito benéfico na vida pessoal como meio de diluir as tensões e mitigar o cansaço da alma. Não admira que a felicidade seja tão relevante entre os pobres e simples quanto entre os grandes privilegiados da vida.

A espiritualidade de alegria implica renúncias ao comodismo e ao apego aos bens materiais, no intuito de dar prioridade aos bens espirituais. No judaísmo surgiu uma mística da austeridade entre os "essênios" e "terapeutas", e no cristianismo entre os "ebionitas". Essa mística de rigor ascético era inspirada em parte nas condições de pobreza de grupos sectários e em parte na aplicação generalizada das expressões de austeridade na pregação dos profetas no AT ou de Cristo no NT, como se fossem exigências para um estilo de vida normal. Os textos bíblicos do NT buscam transmitir uma mensagem para os fiéis de toda a Igreja, e não restrita a um grupo sectário ou a um círculo de ascetas. Na verdade, o chamado à renúncia aos bens materiais se entende de modo diferenciado quanto à espiritualidade e quanto à história da Igreja. No primeiro caso, trata-se da exigência de adesão pessoal a Cristo, prevalecendo o valor espiritual sobre o material. A renúncia tem validade para a vida cristã de todos os fiéis, mas só quando é assumida em virtude da relação pessoal com Cristo, e não em virtude de uma "causa" ou um ideal religioso qualquer. Entretanto, a exigência da renúncia restringe-se a alguns grupos de fiéis que abraçam o estado da "vida consagrada" em vista da perfeição, não para fins de aprimoramento moral e religioso, mas por vocação divina como *carisma* do Espírito Santo para servir de credibilidade do apostolado cristão entre as mais variadas camadas sociais, principalmente entre os pobres.

No segundo caso, há um retrospecto narrativo (nos Evangelhos) sobre a Igreja dos primeiros tempos, prestando-se uma homenagem aos heroicos missionários que, por causa da perseguição dos judeus, sofreram boicote no comércio e foram expulsos da pátria, tendo que viver alhures na clandestinidade. Essas circunstâncias foram providenciais para a expansão do cristianismo; a religião cristã difundiu-se graças aos discípulos de Cristo imbuídos de uma espiritualidade não da condição de vítima, mas de uma *espiritualidade de entusiasmo* pela obra do Reino de Deus no mundo, sob a ação do Espírito Santo.

Lei divina, fonte de bem-aventurança

A bem-aventurança é o estado de felicidade que resulta na vida dos fiéis agraciados com a dita de viver sob a *Eleição* divina e a *Aliança* sagrada. Com base nesses dois princípios se constrói uma comunidade de fé e uma comunidade ética, cujos membros demonstram sua integração pela participação ativa e pela aceitação e pela prática fiel de todas as suas exigências.

> Bem-aventurada a nação cujo Deus é o SENHOR,
> e o povo que Ele escolheu para sua herança! (Sl 33,12)
> Bem-aventurados aqueles cuja conduta é íntegra,
> e que andam na Lei do SENHOR! (Sl 119,1)

O evento marcante da revelação divina sobre as normas do convívio humano na comunidade israelita é a grande epifania do Sinai. Ali é que Deus comunicou a proposta divina a respeito da relação pessoal com seu povo, especificando-a em termos de amizade e não de servidão. É mais do que mera expressão de amor preferencial da parte do Deus tutelar com seus súditos, porque consiste num compromisso bilateral entre o Autor da *Aliança* sagrada e o Povo Eleito. Destarte, o reconhecimento dos preceitos anexos, sua acolhida e a resposta humana são expressão da adesão comunitária e pessoal, e enchem a existência do israelita e o tornam sensível à presença do Senhor.

Entretanto, não se pode afirmar que os conteúdos éticos das normas da *Aliança* tenham sido revelados por Deus de forma direta e imediata. É que ao longo da história de Israel houve um processo de assimilação de valores éticos elaborados pelos homens de outros povos e culturas. Mas a novidade da religião de Israel é que a fundamentação da ética bíblica baseia-se na religião e, ao mesmo tempo, a fé se expressa em uma vida moral. Tanto a religião como a moral têm seu fundamento na *Aliança* sagrada, estabelecida no Sinai.

A característica da fé bíblica é a dimensão comunitária do conjunto dos fiéis integrados em comunidade. Por mais pessoal e íntima que seja a experiência religiosa, ela não é solitária. O mesmo dom pode ser concedido a muitos, que podem reconhecer neles mesmos uma orientação comum em sua vida e em seus sentimentos, em seus critérios e em suas metas. Da mesma comunhão com Deus nasce uma comunidade religiosa. A comunidade cria a sua expressão, e esta expressão pode variar. Ela é imperativa quando impõe o amor a Deus acima de todas as coisas e o amor ao próximo como a si mesmo. Ela é narrativa quando relata a história das origens e do desenvolvimento da comunidade. Ela é ascética e mística quando ensina o caminho que leva ao amor absolutamente transmundano e adverte contra as armadilhas que se encontram ao longo do itinerário. Ela é teórica quando apresenta a sabedoria, a bondade, o poder de Deus e quando manifesta as intenções e os desígnios dele. Ela pode igualmente constituir uma mistura dessas quatro formas de expressão, ou de duas ou três delas. A mistura pode resultar da fusão dos componentes numa única síntese equilibrada, ou fazer de uma delas a base utilizada para interpretar e manifestar as outras. Enfim, a expressão pode continuar sendo a mesma durante séculos ou também pode evoluir periodicamente e adaptar-se às diferentes condições sociais e culturais.

As implicações éticas têm profundas repercussões também na sociedade, que está inteiramente a serviço do Deus da *Aliança* e não se reduz a uma moldura externa aos indivíduos. Destarte, a ética do israelita consiste na adesão aos preceitos do Povo Eleito sobrepondo-se ao critério subjetivo do indivíduo e ao seu juízo moral. É que se trata do compromisso com a comunidade de fé, e não de uma atitude de coerência com princípios baseados em um simples humanismo. Outrossim, a ordem moral faz parte da Lei divina, cuja observância é um ato de adoração pessoal e não um cumprimento legalista sem conteúdo. Além disso, a motivação de cumprir as exigências da Lei divina consiste na resposta humana à proposta divina e não se reduz ao imperativo da vontade humana acerca da prática moral. Na verdade, o que se busca ressaltar é que a moralidade esteja em conformidade com as normas da comunidade da *Aliança* do AT ou do NT, cujas implicações afetam, respectivamente, a vida da comunidade israelita ou a vida eclesial do cristão.

Nessa perspectiva situam-se os textos dos Salmos, como também as passagens de outros livros bíblicos, que expressam a *bem-aventurança* daqueles cuja prática esteja em consonância com o estilo de vida dos fiéis da comunidade de fé e da comunidade ética. A ênfase não está na fruição de uma beatitude de quem é aquinhoado de dons recebidos em recompensa pela integração na comunidade da *Aliança*. Ali se evidencia que a mera afiliação nominal é insuficiente e necessariamente tem de converter-se em engajamento participativo na realização das tarefas comuns. O que se ressalta é a *participação ativa* dos que colaboram na missão da comunidade dos fiéis[3]. É de notar que esses

3 Cf. Salmo 1,1-6; 2,11-12; 32,1-2; 33,12; 34,9; 40,5; 41,2-4; 65,5; 84,5-8; 84,11-13; 89,16-18; 94,12-15; 106,6; 112,1-2; 119,1-3; 127,5; 128,1-4; 137,7-9; 144,15; 146,5. Em outros livros

bem-aventurados não são líderes, profetas, sacerdotes ou levitas, mas leigos que fazem o trabalho de cada dia. Eles são agraciados com a bem-aventurança porque seu comportamento é de alguém que faz algo a mais do que é exigido ou algo de extraordinário. A ação que praticam tem repercussão na comunidade e merece o reconhecimento dos outros. Trata-se, pois, da participação ativa na obra de irradiação dos valores éticos e princípios de fé da comunidade sobre áreas de conflito e ambientes alheios aos desígnios da *Aliança* sagrada.

Bem outra é a interpretação de Lutero, que aplica a primazia da *sola fides* (somente pela fé divina) a toda moral humana, destituindo de valor salvífico qualquer participação ativa individual ou comunitária, pois seria totalmente supérflua a colaboração humana no esforço de traduzir em normas a vontade de Deus. Em oposição à tese protestante, a Igreja Católica ensina a doutrina sobre a colaboração da graça de Deus e da liberdade humana no processo de salvação. Trata-se da "cooperação" do homem com a graça divina, de sorte que Deus dá o início, a execução e o resultado final à obra da salvação, na qual o homem é convidado a cooperar.

Conformidade com a vontade de Deus

A experiência espiritual no Salmo 119 enfatiza a conformidade com a vontade divina porque submete e une a Deus a vontade humana que, sendo a rainha das faculdades do homem, as põe ao serviço do Senhor supremo de todas as coisas.

A designação de Deus pelo nome divino pessoal Javé, יהוה, cuja tradução em português é Senhor (em grego κυριος, *kyrios*), é proposital, para não ser confundido com a ideia genérica de Deus dos povos pagãos e, sobretudo, para significar que o nome Javé (Senhor) indica o Deus de Israel e Autor da *Aliança* sagrada. É por isso que neste Salmo ocorre somente o nome Javé, mencionado vinte e quatro vezes, em lugar de Deus em sentido genérico.

As implicações dessa conformidade com a vontade de Deus têm sua relevância na abordagem da prática da fé como submissão efetiva à vontade divina. Na verdade, Deus é o bem e a verdade. Daí, não pode querer o mal moral, nem pode querer o que é contraditório em si mesmo. O que ele quer é sempre o bem e o que está de acordo com o seu "ser", que é a verdade, dando assim origem à verdade das realidades criadas.

bíblicos encontram-se textos sobre a bem-aventurança que enfatizam a participação ativa na comunidade dos fiéis da *Aliança* sagrada, como nos livros proféticos, no Pentateuco, nos livros históricos e sapienciais. No NT constam igualmente alguns textos sobre as bem-aventuranças que ressaltam a participação ativa na comunidade cristã.

A dificuldade no modo de pensar humano assume a forma de uma aporia, pois poderia parecer que tudo não passa de puro voluntarismo, porque a vontade divina seria a razão última e única da ordem moral, e que é a vontade divina que determina a seu bel-prazer a verdade das coisas. Em resposta a essa objeção seguimos a doutrina de Santo Tomás[4], que afirma a superioridade do intelecto sobre a vontade: *cogito ergo sum* em lugar de *volo ergo sum* ("penso, logo sou" — "quero, logo sou")[5]. É de notar, porém, que a vontade não se converte num absoluto, já que Deus é Ser Absoluto pessoal, cujo atributo mais excelso é a bondade que transborda de amor para com os fiéis vinculados a ele pela *Aliança* sagrada. Nossa reflexão pretende superar o simplismo da classificação bipartida das correntes filosóficas: intelectualismo/voluntarismo. Com efeito, acima dessas duas correntes existe um princípio superior que estende enormemente o âmbito e o significado delas, por meio de três operações distintas: deliberação, avaliação e decisão[6]. Esse princípio está expresso no compromisso de "amar a Deus com todo o coração, com toda a alma, com todas as forças" (Dt 6,5). Destarte, quem procura relacionar-se com Deus já tem algum conhecimento do dom do seu amor e está, portanto, disposto a cumprir a sua vontade.

Moral e ascese

A mensagem moral da Bíblia distingue o *preceito* do *conselho*. Assim, tanto o AT como o NT não esquecem a diferença entre os mandamentos e os conselhos, as condições essenciais à salvação e as requeridas pela perfeição; mas sabem também que para guardar os mandamentos é necessário observar alguns conselhos.

O *ethos* do AT tem sua fonte de moralidade nas três teologias: da *Aliança* sagrada, da Criação e da *Eleição* divina, sendo esta o critério seletivo dos integrantes da comunidade de fé israelita. O marco referencial que exerceu efetivamente grande influência na moralidade de Israel foi o *sentido de comunidade*. Aqui se combinam de modo benéfico os motivos sociais, históricos e religiosos. Entretanto, é muito marcante o pressuposto básico da concepção ética do AT, a saber, seu *interesse pelo indivíduo*, que era consi-

4 *Suma teológica* I, q. 82, a. 2.

5 É importante assinalar que, segundo o filósofo Descartes, o sentido da frase "penso, logo sou" engloba também necessariamente a realidade do sujeito pensante, incluindo além disso tudo o que pode ser pensado e, por isso, não só o entender, o querer e o imaginar, mas também o sentir.

6 B. Lonergan, *Método en teología*, Salamanca, Sígueme, [2]1994, 328.

derado acima de tudo membro da comunidade. Em oposição à valorização do indivíduo, segundo a concepção bíblica, é a individualidade que se dissolveu na cultura semita, reduzindo o indivíduo a um ser genérico que é absorvido pelo clã e pela tribo. É importante observar que o valor absoluto do indivíduo é um dado da revelação cristã. A novidade dessa revelação está na doutrina de validade universal, não voltada para o gênero humano de modo abstrato, mas dirigida a todos os homens tomados individualmente, enquanto cada um deles é um filho de Deus. Além disso, o AT apresenta uma concepção antropocêntrica do mundo: o homem foi colocado por Deus à frente de toda a criação e é diferente dos animais; o homem foi criado "imagem e semelhança de Deus" para ser o interlocutor qualificado com Deus, na liturgia e na vida, enquadrando os atos humanos nos parâmetros do ensinamento moral de Israel.

A meta da ética do AT não é o mero aprimoramento moral do povo, mas o estado de perfeição. Isto se exprime no mandamento divino: "Amarás o Senhor teu Deus com todo o coração, com toda a alma, com todas as forças" (Dt 6,5). Portanto, a perfeição exige primariamente o cumprimento dos preceitos da Lei de Deus, e secundariamente a observância de um certo número de conselhos. Esses conselhos são designados, no AT, como "instruções" (em hebraico אמרה, *'imrâ*) que devem ser observadas. A mesma palavra hebraica tem a conotação de "promessas", porque anexas à *Aliança* sagrada. Entretanto, a escolha da respectiva conotação não é arbitrária, mas depende do contexto ou do verbo que a determina como objeto direto: "cumprir" as instruções (Sl 119,11.67.158), ao passo que o substantivo "promessas" depende de outros verbos ou é explicitado por um complemento, seja como genitivo objetivo ou subjetivo.

O *ethos* do NT dá continuidade à ética do AT e ao mesmo tempo é marcado pela descontinuidade. O autor das leis de moral é Deus Pai, cujo mediador é Jesus Cristo, e a eficácia vem da ação do Espírito Santo. Destarte, a lei moral não se cristaliza na letra da Torá (hebr. תורה) do judaísmo[7], mas na vontade Deus, significada na práxis moral de Cristo e da comunidade cristã do NT sob a ação do Espírito Santo, em oposição às interpretações rabínicas do texto bíblico, cujo sentido não é o que provém do sentido literal, mas o que é imposto no judaísmo tardio pelo Talmude, após o século V d.C.[8].

7 A propósito citamos o texto de 2 Coríntios 3,6: "A letra mata, mas o Espírito vivifica", que se explica da seguinte maneira: trata-se da "letra" dos preceitos do judaísmo acerca da Lei mosaica, no total de 613 no Talmude (365 prescrições e 248 proibições); são esses que "matam" a motivação de autotranscender-se; assim, por causa da falta da adesão a Deus, sua observância se reduz ao legalismo; por causa da ausência do amor a Deus, cai-se no formalismo. Por outro lado, o Espírito Santo leva à autotranscendência e por isso a Nova Aliança de Cristo é salvífica.

8 Cf. Israel SHAHAK, *História judaica, religião judaica*, Lisboa, Hugin, 1997, 53.

Outro tema predominante e central nas religiões israelita e cristã é a comunidade de fé, que no AT consiste na comunidade soteriológica e no NT na comunidade cristológica. Outrossim, é uma das características fundamentais a participação dos membros do Povo de Deus em sua dupla instituição como comunidade de fé e comunidade ética. Pertence também à estrutura religiosa da religião bíblica o caráter salvífico da *Aliança* de Moisés e da Nova *Aliança* de Cristo, com a diferença no respectivo âmbito, cujo alcance é restrito ao Povo Eleito no AT, ao passo que é universal no caso do Povo de Deus no NT. Destarte, os dons salvíficos da obra de redenção de Cristo são concedidos a toda a humanidade por intermédio da Igreja, inclusive com repercussão retroativa: "*Deus tinha providenciado a nosso respeito algo melhor, para que, sem nós, os antepassados não atingissem o estado de perfeição*" (Hb 11,40). Quanto à perfeição, é de notar que no AT se identifica com o preceito do amor a Deus (Dt 6,5), enquanto no NT consiste no duplo ato de amor, primeiramente com relação a Deus e secundariamente com relação ao próximo (Mt 22,36-39). A prioridade do amor a Deus é devida ao fato de ser sobremaneira extenso, pois em si não tem limites, ao passo que o amor ao próximo facilmente se torna seletivo, elitista e restrito às pessoas do mesmo círculo, dada a preferência pela homogeneidade sociocultural e pelos temperamentos afins. Além disso, a "perfeição" exige antes de tudo o cumprimento dos preceitos do Decálogo e dos deveres de estado, e secundariamente requer também a observância dos conselhos, segundo a doutrina de Santo Tomás[9].

A distinção entre moral e ascese é importante. Nesse ponto vem a propósito um esclarecimento sobre o significado de "ascese". Trata-se da ciência da vida espiritual que apresenta uma ampla fenomenologia sobre os elementos característicos e expõe sistematicamente os meios de alcançar a perfeição com a graça de Deus. A reflexão crítica sobre os fundamentos, o significado e a finalidade do comportamento humano em sua totalidade não se restringe à ação, ao procedimento, à ortopráxis segundo os parâmetros da moral, mas envolve também os *condicionamentos* que preparam o caminho para as obras meritórias ou as faltas mais culpáveis. Entre os condicionamentos costumam ser citados os inimigos externos, por exemplo as antinomias espirituais, os extremismos radicais, o secularismo, a idolatria da riqueza, a idolatria do poder, a idolatria do prazer. Não menos influentes são os condicionamentos internos, por exemplo a tríplice concupiscência: a concupiscência da carne (sensualidade), a dos olhos (ambição) e a do espírito (orgulho), também incluídos as inclinações desordenadas da natureza humana e os impulsos desregrados dos instintos. Vale dizer que é preciso ter presente os amplos

9 *Suma teológica* II, II, q. 184, a. 3.

setores tanto da moral como da ascese nos quais se explicitam o significado e as exigências da ética da comunidade da *Aliança* do AT e do NT.

Justos e ímpios

Chamam a atenção as numerosas referências aos inimigos e ímpios nos Salmos de súplica individual. São preces dos oprimidos pela adversidade pela qual passa a comunidade de fé. Não são dificuldades oriundas de uma crise econômica ou política, nem conflitos entre gerações ou desentendimentos na vida de família. Tampouco são queixas de uma minoria acuada pela hostilidade de uma maioria que professa outras crenças. Outro aspecto que ressalta nesses Salmos é a virulência de expressões e palavras objurgatórias que ocorrem nas apóstrofes dirigidas contra inimigos e ímpios. Tal linguagem é empregada contra gente conhecida que se afastou do círculo de convivência. Além disso, mencionam-se não só as atitudes hostis mas também a intencionalidade, o que mostra que se trata de pessoas que faziam parte da comunidade de fé. Outrossim, pessoas se afastaram da comunidade de fé, após um tempo prolongado de convivência com os fiéis, que podem relegá-las ao silêncio ou ignorá-las totalmente. Outra atitude dos fiéis é tachá-las como gente infiel, não para lamentar sua ausência, mas para apostrofar-lhes a infidelidade e a culpa em que incorrem junto a Deus. Disso se pode concluir que os inimigos e ímpios são israelitas que romperam com a comunidade de fé e se excluíram do Povo de Deus. Eles não são meramente proscritos do rol dos fiéis, mas continuam existindo no mesmo território, pois são conterrâneos dos fiéis e anteriormente eram seus aliados e membros do povo de Israel, porém se tornaram renegados. O que agrava a situação é que o Povo Eleito corre o perigo de sofrer as consequências da apostasia deles. Por isso os fiéis acorrem à presença de Deus para professar com mais insistência sua adesão pessoal e sua confiança inabalável na fidelidade de Deus à *Aliança* sagrada. Não aconteça que por causa desses ímpios Deus abandone o Povo Eleito e deixe de realizar seu desígnio salvífico na história.

Distinguimos os "inimigos" dos "ímpios" segundo o critério de integração num grupo social: os "inimigos" opõem-se aos "amigos". Tanto inimigos como amigos são termos que têm conotação de exclusão ou pertença a um grupo social, cujos membros estavam vinculados entre si pelos laços de compadrio e afinidade. Ora, os israelitas eram integrados em famílias, clãs e tribos que constituíam uma entidade social com base em determinadas tradições culturais e sociais que todos eles cultivavam como legado transmitido pelos antepassados às gerações posteriores. Eram eles os "filhos de Israel", cujo Deus tutelar é Javé e cujo país é a "terra de Israel", cujos habitantes tinham o direito de cidadania. Aliás, há uma ressalva a fazer quanto à referência aos inimigos e adversários, que na maioria das vezes é mero recurso estilístico. Os salmistas têm a tendência a concretizar regimes, estruturas e instituições em pessoas (por exemplo, inimigos), em vez de abordá-los de forma abstrata e teórica. O objetivo é deslocar os termos do problema para a pessoa para emprestar vida a fatores e situações adversos.

A integração na comunidade de fé inclui os "fiéis" חסיד (*hāsîd*) e exclui os "ímpios" רשע (*rāšā*), segundo o critério da adesão pessoal ao Deus da *Aliança* sagrada. Nenhum dos salmistas denomina a si mesmo "justo" צדיק (*ṣaddîq*). Entretanto, o "ímpio" é oposto ao "justo" porque quer acabar com a comunidade de fé israelita. Outrossim, o motivo da oposição entre fiéis e ímpios baseia-se no fato de que a *Aliança* sagrada é bilateral: da parte de Deus é uma proposta gratuitamente oferecida a seus eleitos, da parte dos israelitas é uma resposta livremente aceita. Tanto a integração no número dos eleitos como a efetivação das promessas da *Aliança* dependem da adesão pessoal de cada indivíduo ao Deus da *Aliança*. Certos tipos de transgressão das estipulações da *Aliança* acarretam *ipso facto* a exclusão do indivíduo do rol dos eleitos. Mas esses indivíduos continuam a fazer parte do grupo social de Israel, vivendo no mesmo país e convivendo com os conterrâneos, pois a pena de proscrição não é imposta pela comunidade de fé, já que ela não tem competência jurídica sobre os habitantes de Israel.

Os Salmos de súplica individual são recitados na comunidade de fé e destinam-se aos fiéis, cujas preces não são ouvidas pelos ímpios, que não frequentam as reuniões litúrgicas. Por isso as queixas dos fiéis contra inimigos e ímpios têm por objetivo a solidariedade entre os fiéis que estão no mesmo barco e *en bloc* à mercê da agressão externa, com o intuito não de criar uma espiritualidade de vítima, mas de despertar a consciência de que todos os membros da comunidade têm necessidade de consolidar sua fidelidade em meio à adversidade. Eles têm o mérito de conservar-se fiéis graças à fortaleza e à confiança na ajuda de Deus. É uma fé ativa e não passiva, à semelhança de um quietismo religioso, que não resistiria em meio às tribulações.

Aliança sagrada

A característica fundamental da relação de Deus com seu povo é a amizade que estabelece uma união estreita de cunho religioso. Essa relação entre o Deus transcendente e o povo israelita é um dado da revelação divina e não fruto da reflexão teológica dos autores bíblicos. O objetivo da revelação de Deus diz respeito a seus desígnios sobre a felicidade do homem na história, onde as decisões divinas se encontram com as humanas. Os termos mais significativos da revelação do desígnio de Deus a respeito de Israel e da humanidade são, pois, "amor e fidelidade", חסד — אמת (*hesed* — *'emet*). A tradução dessas palavras hebraicas baseia-se na versão literal dentro do núcleo semântico em que têm conotação própria, em especial no contexto da *Aliança* religiosa entre Deus e o povo de Israel, e especifica a relação entre Deus e homens como vinculação duradoura, baseada no amor e na fidelidade de Deus, não obstante a infidelidade dos homens. Por outro lado, quem traduz *hesed* por "lealdade" situa este termo no contexto da aliança social e política, como consta dos documentos jurídicos do antigo Oriente Médio. Quanto ao termo *'emet*, não se trata da "verdade" em sentido *gnosiológico*, mas de "fidelidade" em sentido *soteriológico*.

Nesses dois atributos de Deus baseia-se a sagrada *Aliança*, ברית (*bĕrît*), com o Povo Eleito. Com efeito, nenhum povo da Antiguidade chegou ao conhecimento da relação entre o deus tutelar e seu povo baseada na amizade, pois esse conhecimento não é fruto da intuição humana, mas revelação de Deus aos homens, manifestando que de fato ele vive com os homens, ligados a ele por *Aliança*. Por isso, esta revelação é palavra de Deus que se encontra somente na Bíblia, sem paralelo em outras literaturas extrabíblicas.

Os pagãos veneravam o deus tutelar da respectiva nação como deus da tempestade (Júpiter entre os romanos; Zeus entre os gregos; Teshub entre os hititas; Odin entre os povos nórdicos; Baal entre os cananeus). Os índios veneravam Tupã, o "Grande Espírito", que não era Criador nem Benfeitor, por isso os missionários cunharam para ele um nome diferente: Tupaná. Convém mencionar também as manifestações hierofânicas, que suscitam na mente humana a experiência de algo transcendente e levam a uma reflexão posterior que se sublima em Deus. À primeira vista poder-se-ia pensar que uma religião politeísta teria melhor chance de definir ou dar vida aos atributos ou perfeições de Deus, personificando-os por divindades. Entretanto, por inúmeras em quantidade e em variedade que sejam essas divindades, cujo número no xintoísmo chega a 800 mil[10], não consta a noção da *Aliança* entre Deus e seu povo. É de notar também que os deuses pagãos são personificações das forças telúricas e cósmicas, em constante conflito uns contra os outros. Não é de admirar, pois, que os homens não se elevem em oração aos deuses para manifestar-lhes amor e confiança, mas tenham medo deles porque personificam as forças destrutivas da natureza, submetidas ao destino cego. É digna de nota a oração do rei Mursilis, filho de Suppiluliuma (c. 1375-1335 a.C.), dirigida a Teshub, o deus tutelar do povo

10 Cf. B. Lonergan, *Método en teología*, 110.

hitita, por ocasião de uma peste que grassa no país, deixando os habitantes em situação de extrema penúria e fome.

Oração dos hititas contra a peste

Eis-me aqui diante de ti, deus da tempestade, para expor a situação da peste! Escuta-me, deus dos hititas, e salva minha vida! Tenho de lembrar-te que o pássaro se refugia no ninho para nele salvar sua vida.

Ou, se algo é insuportável, o escravo apela para seu patrão, e ele escuta-o e tem compaixão. E tudo o que foi insuportável para ele é resolvido em seu favor.

Ou ainda, se o escravo cometeu um delito, mas confessa-o ao seu patrão, que pode tratar com ele como lhe aprouver. Mas, já que o escravo confessou o delito ao seu patrão, a alma do patrão é apaziguada e não o punirá.

Ora, eu confessei o pecado do meu pai, que foi também meu pecado. Eis que a libertação dos cativos e toda a restituição, que o país dos hititas já fez, supera vinte vezes a dívida; mesmo assim, todas as oferendas apresentadas para afastar essa peste não apaziguaram a alma do deus da tempestade, meu soberano, nem dos outros deuses, meus soberanos. Se mais restituição houver a fazer, reclama-a de mim, em sonho! E eu a cumprirei[11].

É interessante notar a referência às qualidades pessoais do deus tutelar, nos preâmbulos da oração: a) desvelo com as criaturas; b) consideração pelos fracos; c) clemência com os delinquentes arrependidos; d) solicitude pela gente sofrida. Essas são qualidades próprias de um deus que queira aliciar os orantes ao diálogo! Só a revelação divina sobre a bondade de Deus e seu amor aos homens transcende o espírito desta oração. Ora, essas qualidades pessoais são próprias da natureza divina e imprescindíveis ao Deus que exerce o patrocínio sobre o povo, e aqueles que buscam o auxílio divino certamente o encontrarão. Nesse texto podemos constatar o fato de que a necessidade ensina a rezar, mas não nos dá a conhecer a natureza de Deus, porque isso é assunto da revelação divina e não da reflexão sobre ideias que se sublimam em Deus. É de notar, porém, que a intuição humana é válida e pode elevar-se ao transcendente, pois, como diz São Paulo, o homem pode, "*através das coisas criadas, alçar-se às invisíveis*" (Rm 1,21). Entretanto, trata-se aí de um conhecimento indireto, favorecendo infelizmente as opiniões mais disparatadas. Era preciso, portanto, que Deus se autocomunicasse, por meio da história religiosa do Povo de Deus e da encarnação de Jesus Cristo, para revelar quem ele é e como se relaciona com a humanidade.

11 ANET, Ed. James B. Pritchard, Princeton, 1969, n.10, p. 395s.

Relação entre Deus e os fiéis

Entre o Criador e as criaturas existe uma relação assimétrica: assim, as criaturas estão em "relação real" (*relatio realis*), ao passo que o Criador tem com elas uma "relação de razão" (*relatio rationalis*)[12]. Deus como Ser Absoluto pessoal está em relação com entes contingentes que têm abertura ao absoluto em virtude da autoconsciência pessoal. Segundo a explicação bíblica, "o homem é imagem e semelhança de Deus" (Gn 1,26) e é o interlocutor qualificado para entrar em diálogo com Deus na liturgia e na vida. E nisto é completamente diferente dos animais.

Outro tipo de relacionamento expresso na Bíblia é indicado na designação de Deus como "Pai". É de notar que a noção de "Pai" tem significado translato como Autor da *Aliança* sagrada, correspondendo à expressão hebraica ברית אדוני (*bĕrît 'ădônāy*), "Senhor da *Aliança*", como é usado entre os israelitas para designar o Deus da *Aliança* (1Rs 3,15). É importante observar que o uso dessa expressão tem a finalidade de evitar que o conceito teológico de Deus Pai seja confundido com a noção antropológica de "paternidade", em voga entre os povos pagãos, que chamavam o deus tutelar da nação de "pai dos homens"[13]. Quando nos mitos se diz que Zeus é "pai dos homens", não se quer afirmar que seja um "deus criador", mas busca-se identificá-lo com a figura do "antepassado" (*pater familias* dos romanos), de reconhecida autoridade e preeminência entre tantos outros, e como tal era venerado entre os clãs primitivos[14]. O laço dominante não é o de sangue, mas o da autoridade. Em contraste com essa designação, a Bíblia chama a Deus "Pai do Povo Eleito" (Is 63,16). Outrossim, Jesus ensinou o Pai-nosso lembrando-nos de que Deus é o "Pai" da comunidade cristã, vinculada a ele pela Nova *Aliança* de Cristo.

O motivo de Jesus usar a palavra aramaica *Abba* para referir-se ao Pai do céu (Mc 14,36) é de cunho teológico e não proveniente de um intimismo religioso, como alguns exegetas estão sugerindo[15]. A forma gramatical da palavra

12 *Suma teológica* I, q. 45, a. 3. Implica uma relação racional entre o Criador e a criatura, não porém uma relação real. Ora, o conceito de "pessoa" designa a natureza racional de Deus, dos anjos e do ser humano.

13 J. Botterweck, H. Ringgren, *Diccionario teológico del Antiguo Testamento*, Madrid, Cristiandad, 1978, v. I, 1-19.

14 W. O. Piazza, *Religiões da humanidade*, São Paulo, Loyola, ²1991, 125.

15 Devido ao desconhecimento da língua aramaica, interpretou-se a palavra *Abba*, que Jesus usa nas preces dirigidas a Deus (Mc 14,36), como um intimismo religioso: "papai do céu", como é usado por J. Jeremias, *Abba: Studien zur neutestamentlichen Theologie und Zeitgeschichte*, Göttingen, Vandenhoeck & Ruprecht, 1966, 15-67. Com base nesse autor surgiram ideias extravagantes na interpretação de *Abba* pronunciado por Jesus como se fosse um "balbucio infantil que sugere uma ternura de criança dirigida e apropriada, no contexto semítico, muito mais à

aramaica אבא (*'abbā'*) é diferente da dos substantivos hebraicos no nominativo אב (*'āb*). É que o caso determinativo ou enfático emprega-se no aramaico como expressão de deferência ou para enfatizar a autoridade da respectiva pessoa: "O pai".

Na Bíblia consta a correlação entre Javé como "Pai do Povo Eleito" e os israelitas como "filhos", em sentido translato, porque foram adotados para participar das promessas anexas à *Aliança* e por isso são constituídos "herdeiros" dos bens futuros. É de notar que o NT modifica o conceito de herança, acrescentando a ideia da filiação. Os cristãos herdam em virtude de sua adoção como filhos e de sua união com Cristo, o verdadeiro filho e herdeiro. Destarte, a herança é consequência da adoção do cristão, que se torna co-herdeiro com Cristo (Rm 8,17; Gl 3,29; 4,7).

Mencionamos também a relação entre Deus e o indivíduo, que na Bíblia se define em termos de subordinação. Os autores bíblicos inspiraram-se na divisão vigente na ordem social e no mundo do trabalho entre senhor e servo (escravo). Quanto a essa concepção antiga, não houve na Bíblia uma inovação ou uma modificação da estratificação social em uso nas outras religiões. Destarte, o "servo" fazia parte da grande família e tinha portanto proteção e segurança do clã, em contraste com os migrantes e forasteiros sem nome nem *habitat*. Estava em voga também a praxe de designar como "servos" os funcionários graduados e os altos dignitários do rei. Tratava-se portanto de um *título honorífico* e funcional que veio a ser uma conotação integrante da palavra: "servo".

No contexto religioso se destacava a função do "servo" não como sacerdote no culto ou como profeta proferindo oráculos alvissareiros ou cominatórios à comunidade israelita, mas como um dos fiéis exercendo o papel de intercessão pelos oprimidos sem voz nem vez na sociedade. Esse servo era um dos "humildes" israelitas de condição social modesta que no santuário dirigia a Deus as orações de súplica intercedendo pelos fiéis da comunidade, seus irmãos na fé e membros da *Aliança* sagrada. Precisamente por não exercer uma função litúrgica, ele era um servo a serviço do Deus da *Aliança*, fazendo suas as aflições dos irmãos na fé e entrando na brecha em áreas de risco (cf. v. 17, servo em perigo; v. 23, servo hostilizado; v. 38, servo amedrontado; v. 49, servo aflito; v. 65, servo humilhado; v. 76, servo prejudicado; v. 84, servo perseguido; v. 122, servo oprimido; v. 124-125, servo ansioso pela salvação; v. 135, servo sofrido; v. 140, servo diante dos adversários; v. 176, servo extraviado).

Consideremos, finalmente, o "Magnificat" (Lc 1,46-55), com o qual a comunidade cristã presta sua homenagem ao "servo" num hino de louvor e

mãe do que ao pai"; ver J. MOLTMANN, Creo en Dios Padre, ¿lenguaje patriarcal o matriarcal de Dios?, *Selecciones de Teología* 24 (1985) 338.

não meramente num Salmo de súplica. Entre as pessoas bem-aventuradas do NT, a mais excelsa na devoção eclesial é Maria Santíssima, que tece louvores à grandeza de Deus por sua soberania na história da salvação. O motivo de louvor é constituído de dois eventos marcantes na história da salvação: o primeiro é a escolha do Patriarca Abraão para o papel de "servo" de Deus no início da história de Israel; o segundo, a vocação de Maria para ser "serva" de Deus como figura representativa da comunidade cristã, no início da Igreja. Ambos têm o mérito de ser escolhidos por Deus para anunciar um futuro auspicioso respectivamente para a religião israelita no AT e para a religião cristã no NT, apesar de contar com poucos fiéis, reduzidos a uma minoria em meio a uma maioria de adeptos de outras crenças. Se não houvesse a intervenção de Deus na história de Israel e na história da Igreja, os fiéis da religião revelada seriam absorvidos pelos crentes das religiões não bíblicas, sem chance de sobrevivência num mundo pluralista em matéria religiosa.

Amor de Deus em Cristo

No Novo Testamento é o Deus da *Aliança* que se autocomunica por meio das palavras e ações de Jesus Cristo, tanto na figura terrestre de Mestre divino e Crucificado, como na figura transfigurada de Cristo ressuscitado e Cristo sacramental. É importante assinalar que, em Cristo, Deus Pai nos *ama duas vezes*: com amor divino e com amor humano. O amor divino é o que se expressa na solicitude paternal; o amor humano, o que se manifesta na adoção filial, por meio da qual Deus nos ama com amor divino à maneira humana. Em Cristo, Deus Pai nos ama com "amor divino" por causa da "participação" no amor intradivino, cuja mediação é o Filho de Deus por ser a autocomunicação do Pai no Espírito Santo. Outrossim, em Cristo, Deus Pai nos ama com amor divino de modo humano na pessoa de Cristo, o "Deus conosco": עמנואל, Emanuel (Mt 1,23), encarnado na história e inserido no gênero humano e, sobretudo, porque os cristãos são "conformes à imagem do Filho de Deus, que é o primogênito de muitos irmãos" (Rm 8,29).

O amor de Deus pela criatura humana manifesta-se na "criação, pois existe porque Deus a criou, e isto por amor. Por amor é sempre conservado" (*Gaudium et Spes*, 19,1). Além disso, podemos encontrar passagens em todos os livros da Bíblia que falam da autocomunicação de Deus revelando-nos sua natureza cheia de bondade que transborda de amor para os seres humanos. A comprovação desse amor divino pela humanidade encontra-se na "história da salvação" do AT e do NT. Bem outro é o tema da bondade de Deus que transborda de misericórdia para com os oprimidos e pecadores. Disso se precisava um comprovante que não estivesse baseado apenas em reflexões dos autores bíblicos; era necessário que Deus mesmo apresentasse provas concretas na história da humanidade. O meio mais convincente encontra-se na vinda de Cristo ao mundo, cujo objetivo era mostrar a misericórdia de Deus para com os oprimidos e os pecadores por meio da pregação da mensagem salvífica, dos ensinamentos religiosos, da cura dos enfermos, da vocação dos discípulos, da instituição dos sacramentos e da morte salvífica de Cristo na cruz. Em vista disso, os relatos da misericórdia de Deus não se reduzem a meras narrativas dramatizantes, mas são pequenas unidades literárias, construídas segundo o esquema estereotipado de "testemunho", vinculado à vida e à ação de Jesus de Nazaré. Nesta perspectiva, esses testemunhos de Jesus, em sua vida terrena, tornaram-se documentos de fé no Jesus Cristo ressuscitado pelo fato de se converterem em paradigma da experiência da misericórdia de Deus mediante um encontro vivo com Cristo em nosso tempo. Na verdade, o que distingue os cristãos dos outros é precisamente o fato de que compreendem melhor que qualquer outro a misericórdia de Deus.

Temor de Deus

O temor de Deus é um dos sete dons do Espírito Santo mencionados no texto do profeta Isaías (Is 11,2s.). Sua acolhida na alma dos fiéis contribui para torná-los dóceis à ação do Espírito Santo, produzindo frutos na vida espiritual quando esse dom se converte em virtude. Do contexto da espiritualidade estendeu-se o uso desse termo ao âmbito do culto, onde os fiéis eram identificados como "tementes a Deus". O uso neotestamentário dessa expressão difere do sentido antigo, pois no NT veio a designar os que simpatizavam com o judaísmo (os prosélitos), embora continuassem pertencendo ao paganismo.

O significado do temor de Deus não tem nada a ver com o medo psicológico que se manifesta como sentimento de pavor. A partir do impacto dos fenômenos que inspiravam temor aos seres humanos, os mitógrafos associaram as intuições religiosas com a experiência teofânica, interpretando-a como "mistério tremendo". Destarte, a presença de Deus entre os pagãos era causa de temor do tipo vago e difuso, devido a fenômenos cósmicos e telúricos de efeito nefasto, e não devido à natureza da divindade[16].

Bem diferente é o significado do temor de Deus no Salmo 119 e em todo o Saltério, pois implica uma atitude de horror a qualquer ofensa a Deus.

16 Cf. M. Eliade, *Tratado de história das religiões*, Rio de Janeiro, Zahar, ^{2}1991; Id., *O sagrado e o profano, a essência das religiões*, São Paulo, Martins Fontes, 1996.

Trata-se de uma atitude e não apenas de um sentimento, porque inclina nossa vontade ao respeito filial por Deus e nos afasta do pecado, pois lhe desagrada, e nos faz esperar no poder de seu auxílio (v. 38, 63, 74, 79, 120, 161). Destarte, a relação entre Deus e homem transcende a concepção mítica de uma sacralidade mundana e numinosa, que nos inspira medo, e encontra na religião bíblica a atitude reverencial que inclui temor de desagradar a Deus e separar-nos dele. Pondo-nos diante dos olhos a majestade de Deus, assumimos uma atitude de reverência para com o Soberano do mundo em reconhecimento pelos sinais de sua benevolência como Benfeitor para com os seres humanos. Na verdade, não basta um conhecimento de concepções míticas do passado na história das religiões bíblicas e extrabíblicas, mas são necessários conhecimentos e atitudes permanentes em relação ao "temor de Deus" que se tornaram normativos para a conduta humana do Povo de Deus. O efeito colateral da virtude do temor de Deus na alma pode ser comparado com um antídoto contra a tendência de democratizar o relacionamento reverencial para com a majestade divina, que pode surgir por causa de uma demasiada familiaridade com Deus.

Tribulação e sofrimento

O contraste entre alegria e tristeza, ventura e desventura, estados de euforia e depressão sempre se transforma em pergunta viva, não apenas sobre as causas, mas sobre a perspectiva da existência terrena, sobre o mundo imediato e sobre a felicidade e o sofrimento humanos.

Na busca de soluções das situações de tribulação e vicissitude da existência individual, volta e meia nos deparamos com a fragilidade da natureza humana. Damo-nos conta de que a primeira causa de sofrimento está inserida em nosso tecido vital, nos condicionamentos biológicos, nas crises individualizadas em cada pessoa e nas coletividades. Daí decorre que na vida terrena não é possível erradicar o sofrimento. Procurando conhecer as causas dos sofrimentos, a reflexão dos antigos concluiu que eles tinham sua causa na influência de espíritos malignos ou de outras forças cegas de um destino nefasto. Mas não basta conhecer as causas dos sofrimentos para saber como defender-se, como ficar imune, como deixar de sofrer. É necessário saber como reagir diante do sofrimento, como diminuir as causas que o agravam e como sair dessa situação de maneira positiva.

O que nos diz nosso Salmo sobre a causa dos sofrimentos e como reagir diante deles? Embora sejam poucas as referências à angústia e à tribulação (v. 143), à aflição (v. 50, 107, 153), à tristeza da alma (v. 28), o que se quer ressaltar não é a vida dura do itinerário de fé, mas a condição natural da vida humana de todos os mortais. A situação sofrida do indivíduo sujeito à dor e ao sofrimento não é fortuita, mas atribuída a uma *provação* que se ilustra com a imagem de "um odre na fumaça" (v. 83). Como se não bastasse a interpretação do sofrimento como uma provação, acirrou-se ainda mais a problemática com a afirmação de que a aflição foi causada por Deus: "Tu me afligiste" (v. 75). O mesmo teor dessa afirmação aparece no livro de Jó: "Se aceitamos o bem das mãos de Deus, porque não haveremos de aceitar o mal?" (Jó 2,10).

A crise provocada pelo sofrimento suscita o questionamento sobre a contradição entre duas atuações de Deus pela humanidade: conceder a felicidade e permitir os sofrimentos. Iniciamos a reflexão em torno dessa temática, recorrendo à experiência humana. Primeiro, os momentos de grande felicidade e paz são raros e breves. Além disso, não há ninguém que possa levar uma vida idílica de serenidade ininterrupta, em ritmo contínuo e isento de dificuldade. Com efeito, seria pedir demais de nossa condição humana, já que só pode oferecer um ínterim de paz em meio a um período de provação. E, paradoxalmente, felicidade requer adversidade, tribulação e sofrimento, para que possa permanecer viçosa e crescer em profundidade. Se paz e prosperidade continuassem por um período longo demais, homens e mulheres se tornariam irrequietos, desprezariam a si mesmos secretamente e começariam a reagir com várias atitudes antissociais. Parece até que momentos de grande felicidade só podem ser alcançados e vivenciados se estiverem em paralelo com sofrimentos e em meio à luta pela vida. É esse o testemunho perene da condição humana diante da dura realidade da existência.

Além do mais, temos que tomar em consideração o fato de que "ninguém é uma ilha", como já dizia o poeta John Donne, no século XVII, retomado em reflexão, aprofundada espiritualmente por Tomas Merton em seu livro *Homem algum é uma ilha*[17]. Trata-se da dimensão social da vida humana e de uma exigência imprescindível de encontrar-se em relação com outros seres de sua própria espécie. Não é possível optar pelo isolacionismo para viver e sobreviver. Por um lado, há a satisfação gratificante quando conseguimos realizar essa disposição, não somente por compartilhar nossas qualidades com nossos semelhantes, mas também por completarmos uns aos outros para suprir nossas deficiências. Pois não temos as mesmas fraquezas e falhas, e por isso cada um vai buscar nos outros aquilo que mais falta lhe faz. Por outro lado, a própria convivência humana nos faz sentir de maneira dolorosa que somos obrigados a assumir nossas próprias culpas e as dos outros. O salmista lança um olhar de conjunto sobre os cidadãos vivendo em sociedade, como também sobre a sociabilidade baseada na graça sobrenatural. Por

17 Thomas Merton, *Homem algum é uma ilha*, Campinas, Verus, 2003.

conseguinte, os desmandos de alguns põem em perigo a felicidade de todos, pelo fato de privarem a sociedade das bênçãos divinas. Não podemos lavar as mãos sem preocupar-nos com a conduta dos outros e dizer: Se eles querem cair em pecado, é problema deles. É que o pecado não é assunto privado dos pecadores, e tampouco o são as virtudes e os sacrifícios dos fiéis. Abre-se assim uma visão abrangente sobre a história da salvação da humanidade, ultrapassando de longe a perspectiva de uma moral privatista sob a lei da justiça retributiva de Deus.

Oração de adesão pessoal a Deus

A oração dos Salmos é um meio de que o homem necessita para expressar seu amor a Deus, no contexto da história da salvação. Sem esse contexto, a oração se reduziria à expressão de ideias nobres e sentimentos sublimes ou de súplicas insistentes de um indivíduo que reza quando se sente inspirado ou está em dificuldades prementes. Quem reza expressa uma homenagem de louvor e de gratidão a Deus, e por meio das súplicas quer compartilhar os dons de Deus que nos são concedidos em virtude das preces dos fiéis da comunidade de fé, e não tanto em virtude do fervor da pessoa. Se, portanto, a súplica for atendida e se conseguir a graça que se implorou de Deus, não será tanto devido ao fervor do indivíduo, mas será mais o fruto da oração comunitária dos fiéis. Quanto ao fervor do orante, é meio eficaz para dispô-lo a acolher os dons de Deus.

Outrossim, a tipicidade desta oração é o diálogo dos membros da comunidade de fé e da comunidade ética com Deus. Quer se recitem os Salmos individualmente quer comunitariamente, é sempre uma oração litúrgica, porque se une espiritualmente aos fiéis que, na mesma hora e em algum lugar do mundo, estão reunidos na presença de Deus e erguem suas vozes de louvor, agradecimento e súplica a ele com confiança de serem atendidos porque são seus filhos. A característica da oração dos Salmos sapienciais é a elevação da alma ao Deus da *Aliança* sagrada, a quem se chama pelo nome Javé (Senhor). Entretanto, o tetragrama יהוה (*Yhwh*) é inefável entre os judeus tanto na liturgia como na leitura da Bíblia, e por isso os escribas judeus inseriram os sinais de vocalização da palavra hebraica *'ădōnāy* (Senhor), que se convencionou aplicar ao nome de Deus. Outros exemplos de sinonímia de palavras, substituindo Javé, são: "nome", שם (*šēm*); "céus", שמים (*šāmāîm*); "alturas", מרום (*mārôm*)[18]; "palavra", ממרה (*mēmrâ*); "morada", שכינה (*šěkînâ*);

18 Este epíteto aplicado ao nome divino ocorre nos livros tardios do AT e no NT (Dn 4,23; Tb 4,11; muito frequente nos livros dos Macabeus, assim como na *Mishnah*; Lc 1,78; 24,49).

"outro lugar", מקום אחר (māqôm 'ahēr) (Est 4,14); "poder", גבורה (gĕbûrâ) (Mc 14,62); "majestade", הוד מלכות (hôd malkût); "magnificência", כבוד (kābôd)[19]; "o eterno", עולם ('ôlām), אל עולם ('ēl 'ôlām)[20].

Na designação dos epítetos aplicados a Deus, não se trata de mero recurso gráfico de tomar de empréstimo as vogais de uma palavra correspondente, aplicando-as ao nome divino, mas é algo mais, por ser uma leitura atualizante do conteúdo conceitual da palavra Javé. Daí, Javé é o Soberano do mundo, o Ser Absoluto pessoal, e não a personificação de uma força da natureza. Ora, o nome Javé que os salmistas empregam nos Salmos para designar Deus — de preferência a qualquer outro epíteto divino — é o do Autor da *Aliança* sagrada, sem referência adicional ao rito de ratificação ou às exigências e promessas anexas ao compromisso. No Salmo 119 mencionam-se vinte e quatro vezes o nome Senhor (Javé) como Autor da *Aliança* em sua vinculação com os fiéis. Nesse ponto, recordamos que o Deus da antiga *Aliança* é também o Deus da nova *Aliança*, de sorte que a oração do Saltério não precisa de uma releitura cristã a título de uma adaptação do conteúdo para a sensibilidade educada no Evangelho.

A oração exprime a "adesão à vontade de Deus", revelada nas leis e normas relativas ao viver e conviver dos membros do Povo Eleito e ao modo de celebrar a liturgia. Seu cumprimento é condição para a efetivação das promessas anexas à *Aliança* sagrada. É de notar que o Povo Eleito é uma comunidade de fé e uma comunidade ética. Sua oração cultual é, pois, uma oração de cunho comunitário, embora não sempre coletivo, porque é a recitação do texto litúrgico pelos fiéis rezando em seu nome e em nome de todos os seres humanos. A oração litúrgica constitui assim um resguardo contra a tendência ao intimismo religioso, por causa da eficácia da oração comunitária e não, propriamente, em virtude da intencionalidade do indivíduo, porque a comunidade dos fiéis é que está em perpétua comunicação com o Deus da *Aliança*.

O uso litúrgico dos Salmos marcou de forma indelével a característica dessa oração, tornando-a uma oração eivada de afeto humano. Não é porém devido a quaisquer sentimentos que pervadem o coração do orante ou a emoções que se apoderam das faculdades da alma em aflição ou enlevo, mas em virtude das moções do Espírito Santo em nós que nos sentimos inspirados a rezar com "os mesmos sentimentos que havia em Cristo Jesus" (Fl 2,5).

19 Cf. Paul AUVRAY, *Iniciação ao hebraico bíblico*, Petrópolis, Vozes, ²1999, 97, 105; W. EICHRODT, *Theology of the Old Testament I*, Philadelphia, Westminster Press, 1967, 219.

20 O título "o eterno" atribuído a Deus é análogo ao epíteto do deus sol em voga na cultura egípcia antiga; cf. Cyrus H. GORDON, *Ugaritic Textbook, Glossary*, Roma, PIB, 1965; ocorre em Gênesis 31,22 etc.

Oração judaica

As orações litúrgicas das comunidades judaicas têm sua origem na Bíblia e na tradição do judaísmo. Desde o início da religião judaica, no período pré-hasmoneu e durante a época tanaítica e amoraica até o tempo do Talmude (séc. V. d.C.), houve profícua criatividade religiosa na produção de textos litúrgicos, que enriqueceram não somente o culto e a vivência espiritual dos fiéis, reunidos na sinagoga, mas também suas devoções pessoais. Em todas as práticas religiosas eram inseridos alguns excertos de Salmos, como citações de algumas passagens apropriadas à celebração ou à experiência religiosa. Nisso se distingue da praxe da sinagoga o uso que na Igreja se faz dos Salmos, prescrevendo a recitação de todo o Saltério no breviário e inserindo Salmos na liturgia da palavra em todas as celebrações cultuais. No judaísmo, os Salmos não constituem orações prescritas para o culto diário, sabático ou festivo, como o do *Shema*, das "Dezoito bênçãos", da *Amidah* ou *Tefillah* etc.[21]. Entretanto, é de notar a importante função que tais passagens salmódicas exercem no culto e na espiritualidade, pois se usam para introduzir a oração comunitária, homilias e ritos cultuais, não à guisa de proêmio, mas como expressão da sintonia espiritual entre os fiéis, que assimilam sua mensagem, no diálogo com Deus. Aliás, alguns Salmos fazem parte da liturgia matinal do Povo Eleito, como por exemplo os Salmos 145–150. Desde a época pré-cristã até hoje recita-se o *Hallel* (Sl 113–118) em celebrações festivas; nos casamentos rezam-se o Salmo 100 e excertos do Salmo 118; aos funerais aplicam-se os Salmos 23, 90, 91 e 130. Essa lista, embora não exaustiva, serve como indicação dos momentos significativos da vida humana relacionada com a celebração cultual da comunidade de fé.

Nas invocações a Deus encontram-se as designações e os títulos divinos encontrados nos Salmos e também nos textos rabínicos, tais como "Nome", "Céu", "Santo", "Eterno" etc. Por meio desses nomes visava-se substituir o inefável nome de Javé, cuja grafia hebraica em quatro letras, *Yhwh*, deu origem ao termo grego *tetragrammaton*. Ora, nos textos rabínicos costumava-se suprimir a grafia do nome *Yhwh* em *scriptio plena*, escrevendo-se em seu lugar um *yod* seguido de duplo apóstrofo como forma abreviada do tetragrama. Na leitura não se pronunciava o nome *Yhwh* segundo a escrita hebraica, sendo substituído pela palavra Senhor (em hebraico *'ădōnāy*).

Entre os muitos atributos de Javé empregados no AT, sobressaem alguns que veneram a Deus como Criador, Juiz, Rei e Pai. Atribuíam-se a Deus atri-

21 Embora algumas preces do *Tefillah* remontem, provavelmente, ao tempo pré-hasmoneu, sua forma literária foi fixada alguns séculos depois; cf. I. Elbogen, *Jewish Liturgy, A Comprehensive History*, New York, Jewish Publication Society, 1993, 25-27.

butos e imagens que se harmonizavam com a revelação divina redigida por escrito pelos autores inspirados. Os textos da Bíblia são fonte de inspiração na formulação das preces dos fiéis, que usam a linguagem e a espiritualidade bíblicas no diálogo com Deus.

Oração cristã

A oração é cristã porque Jesus Cristo assume a nossa oração e a dirige a Deus Pai. Essa oração é eficaz porque se realiza sob a ação do Espírito Santo (Rm 8,15; Gl 4,6). A função fundamental de Jesus Cristo na obra da redenção é levar os homens a Deus Pai e trazer Deus Pai aos homens para estabelecer uma relação de amor *em e por meio de Jesus Cristo*. Com efeito, Cristo não tem de suplicar a Deus Pai em favor dos cristãos, pois ele intercede pelos seus. Além disso, a oração cristã é a oração de Jesus Cristo (Jo 16,26-27). Enquanto Jesus Cristo vivia na terra, ele intercedia pelos seus junto a Deus Pai. Após a ressurreição e tendo entrado na glória, Jesus Cristo continua exercendo a função de Intercessor por nós (Rm 8,34; Hb 7,25; 1Jo 2,1), rezando conosco e em nós e, por meio de nós, na sua Igreja: atuando como Mediador dos homens, apresenta nossa oração a Deus Pai e nos transmite os dons a nós concedidos por benevolência divina.

O marcante cunho veterotestamentário do Saltério tem sua atualidade na comunidade cristã porque ressalta o interesse pelo indivíduo. Além disso, o papel da comunidade de fé não se converte em mera dimensão coletiva do âmbito tribal da cultura semita, onde o indivíduo é reduzido a um ser genérico, mas cresce em densidade espiritual cristã de seus membros pela filiação divina e pela adoção como herdeiros dos bens futuros.

A oração cristã é eminentemente apostólica, e por isso temos dela a mais urgente necessidade, não só em atenção da nossa atuação no culto e na vida, mas sobretudo em vista da dimensão missionária de toda a Igreja. O apostolado eclesial tem por fim tornar presente sempre e em toda parte a obra salvífica de Cristo. Na verdade, a salvação não é uma ideologia que se possa instrumentalizar para fins de uma hegemonia religiosa entre outras religiões e movimentos de religiosidade. A dimensão apostólica manifesta-se no agir humano do cristão, tornando-se uma característica fundamental dele quando se dá conta de ser portador dos dons salvíficos para o mundo secularizado, isto é, o mundo do trabalho, o mundo das artes, o mundo dos esportes, o mundo dos negócios.

Oração é colóquio da alma no diálogo com Deus. Daí, oração não é um exercício de interiorização, ou uma reflexão espiritual sobre as convicções pessoais e as motivações do agir humano, ou uma evocação imaginativa de histórias bíblicas, mas é um diálogo do homem com Deus, que se sabe estar presente. Não é preciso recorrer aos mais diversos tipos de linguagem para comunicar-se com Deus. Com efeito, é por inspiração do Espírito Santo que não só vêm surgindo, em nosso íntimo, pensamentos e afetos, mas é também por sua mediação que esses são expressos na oração mental ou vocal. Seja em forma de adoração a Deus, ou de louvor e agradecimento, ou de manifestações de contrição e arrependimento, ou de pedidos e súplicas, tais expressões são suscitadas pelo Espírito que nos leva a comunicar-nos com o Pai do céu. Surge a pergunta sobre a certeza de que nossas orações de fato chegam à presença de Deus ou se são meras sublimações subjetivas projetadas para Deus. A garantia de que nossas preces têm ressonância no coração de Deus e são um meio eficaz ao nosso dispor é o ato de amor a Deus que na liturgia se recita nas preces da oração comunitária e que na oração pessoal se assume nas práticas de piedade. Trata-se da *motivação próxima da oração*, explicitada por meio da oração de louvor para suscitar o amor a Deus, como também pela oração de amor agradecido a Deus em gratidão pelos dons da benevolência divina, pela oração de amor confiante nas súplicas, pelas preces de amor contrito no arrependimento dos pecados, pela oração de adesão pessoal a Deus motivada por amor a ele na oração dos Salmos Sapienciais. Se faltar a motivação próxima do amor a Deus na oração pessoal ou comunitária, não haverá apenas uma lacuna entre os elementos constitutivos da oração, mas resultará um formalismo ritual e um esvaziamento da oração e da vivência da fé sem ressonância espiritual na comunidade cristã. A liturgia no-la ensina ao introduzir a oração do Pai-nosso: "Rezemos com amor confiante a oração que o Senhor nos ensinou!".

"Nome" nos Salmos

O termo "nome" (em hebraico שׁם, *šēm*) ocorre 96 vezes nos Salmos de maneira diferente do uso comum que dele se faz na nossa linguagem. No Salmo 119 encontram-se duas referências ao "nome" (v. 55, 132). O motivo é que "nome" é um termo referencial que designa a presença de Deus a quem se cultua na liturgia da comunidade dos fiéis. Distinguimos duas modalidades no uso de "nome": a primeira consiste na *invocação* do "nome" em súplicas pela intervenção de Deus, para que venha em auxílio dos homens por meio de seu poder onipotente, de sua autoridade suprema e de sua soberania ilimitada; a segunda emprega-se nos *encômios* ao "nome" para enaltecer a glória, a honra e a santidade de Deus.

A importância da invocação do "nome" no início da oração consiste na homenagem à presença personalizada de Deus e não na crença na existência genérica que pervade o espaço sideral e o mundo habitado de maneira vaga e difusa. Portanto, quem invoca o "nome" usa um rito de introdução dos fiéis à presença de Deus, como é costume na Igreja ao iniciar a oração litúrgica com a fórmula trinitária: "Em nome do Pai, do Filho e do Espírito Santo".

A peculiaridade literária de apresentar por um termo genérico (isto é, nome) o que hoje expressamos por termos específicos (isto é, glória, honra, santidade ou poder, autoridade, soberania) baseia-se no uso referencial de "nome" nos Salmos. É que "nome" se refere à presença personalizada de Deus, a quem se celebra na liturgia. Entrando no santuário, os fiéis assumem uma atitude reverencial sem pronunciar palavra alguma, seja de forma mental ou oral. Quando, porém, procedem a fazer a oração, iniciam com uma invocação usando a palavra divina no vocativo. Ora, o termo "nome" é usado como *interjeição* de apelo, substituindo o vocativo. Outrossim, nos encômios a Deus, o "nome" é equivalente a uma *aclamação* litúrgica.

À luz desta análise literária, referimo-nos à súplica do Pai-nosso, "Santificado seja o teu nome", que corresponde a esta frase: "Santificado sejas tu, ó Deus", isto é, "tua presença divina seja objeto de adoração na celebração litúrgica!". Quando se reza esta súplica na oração pessoal faz-se uma evocação da oração litúrgica na Igreja.

A função cultual de "nome" é importante sobretudo no que diz respeito à *mediação verbal* no diálogo entre fiéis e Deus durante a oração litúrgica. Ali a palavra é meio de comunicação interpessoal e, quando falada em voz alta, assume a forma de proclamação no âmbito comunitário. Quem ouve as palavras recitadas pelos outros redobra sua convicção de que Deus as ouve e também responde. Com efeito, Deus dirige-se aos homens em linguagem humana, falada por seres humanos[22]. O motivo de Deus abrir-se a nós em nossa própria linguagem é o fato de ele querer transmitir uma revelação pessoal. Para ouvi-la, compete a cada um dos fiéis unir-se à comunidade na escuta da Palavra de Deus, na colaboração para a sua vida religiosa e no apoio efetivo à promoção do bem comum. Desta abertura para a comunidade dos fiéis e para o Reino de Deus resulta a verdadeira transcendência do "eu" para o outro, ela faz que se ouça a voz de Deus, que procede tanto do alto como de baixo, pois Deus fala por meio do ser humano, cuja natureza é um tecido de nobreza e miséria, de elevação e mesquinhez. Ele se dirige ao homem cheio de defeitos e fraquezas, ora turbado pelo pecado e pelas lutas interiores, ora zeloso pelo bem e de novo fraco e desalentado. É assim que a liturgia o vê e acolhe, e é assim que o encontramos nas orações da comunidade dos fiéis. Em função do culto, o indivíduo assume as ideias litúrgicas. Ele tem de superar seus

22 Sobre toda esta temática, ver L. Alonso SCHÖKEL, *A Palavra inspirada*, São Paulo, Loyola, 1992, 35.

objetivos pessoais para adotar as práticas da comunidade de fé, reunida na liturgia. Assim, ele terá de participar da oração de ação de graças e de louvor, embora seu estado de alma seja a aridez do deserto; ele terá de rezar as súplicas formuladas em situações de opressão e de injustiça, apesar da preferência de sua sensibilidade espiritual por atitudes passivas, desvinculadas do destino histórico da grande massa da humanidade. Desta forma, a comunicação interpessoal com os fiéis, cujas súplicas são ditadas pelas necessidades da existência de cada homem, é *meio* litúrgico para dialogar com Deus e é um *caminho* para o encontro com Deus no culto e na vida.

Transposição cristã dos Salmos

A assim chamada "transposição cristã" dos Salmos responde à necessidade de relacionar o conteúdo do Saltério da comunidade soteriológica do AT com a comunidade cristológica do NT. Por meio do relacionamento entre os elementos em comum podemos encontrar os objetivos tanto do AT como do NT, e aparece mais claramente a novidade da revelação divina no NT. Em pauta está o âmbito da história salvífica particular do Povo Eleito, que começa com a história dos Patriarcas e se estende ao longo da história religiosa de Israel, entremeada com a história profana do povo israelita até a vinda de Jesus Cristo. Com a fundação do cristianismo começa a história salvífica universal, cuja dimensão de âmbito mundial abarca todos os povos, transcendendo assim a dimensão limitada a um só povo e a uma só comunidade de fiéis[23]. Esta dimensão de extensão mundial cabe ao cristianismo assumir, como tarefa intransferível e como função providencial a serviço de Deus, exercendo o papel de mediação dos dons salvíficos da obra de Cristo para todos os povos e para a humanidade inteira. Os meios de que dispõe estão na promoção da fé, cujo legado lhe foi transmitido pelas doutrinas, dos sacramentos e da oração litúrgica da comunidade cristã.

Um dos desafios ao desempenho da mediação dos dons salvíficos de Cristo é a visão totalmente diferente que possuem, por um lado, o mundo cristão ocidental e, por outro, o mundo não cristão, no qual a doutrina do "pecado original" e também os problemas da culpa e da salvação não têm im-

23 Impõe-se à consideração do leitor um conhecimento esclarecido do que seja o âmbito da história salvífica universal do NT, sob pena de não saber distinguir a função da Igreja Católica como mediação dos dons salvíficos para toda a humanidade da das outras religiões como mediação dos dons salvíficos para o âmbito restrito de sua freguesia apenas. O alcance restrito dessas religiões, quanto à mediação dos dons salvíficos da obra de redenção de Cristo à sua clientela, baseia-se na ausência do sacrifício de ratificação da *Aliança* sagrada entre Deus e os homens, substituído por cerimônias esotéricas e ritos cultuais vinculados aos ciclos da natureza.

portância alguma. Nesse caso, surge o impasse entre a oferta e a acolhida dos dons da salvação oferecidos por Cristo, amplamente difundidos no Ocidente, e a barreira discriminatória contra outros valores culturais e religiosos que são impostos a determinados povos do Oriente como herança da tradição e como critério de identidade que a cada geração incumbe guardar e defender contra a ocidentalização. Sendo assim, parece que não há uma saída do impasse, a não ser que os fiéis se esforcem em buscar e intuir à luz dos sinais dos tempos a ação de Cristo Ressuscitado e a ação do Espírito Santo operante na história da Igreja e na história do mundo.

EPÍLOGO

A relevância da Espiritualidade bíblica depende de sua fonte de inspiração para ter uma influência marcante, ao longo de vários séculos, com futuras perspectivas sem imiscuir orientações de evasão, de intimismo, de subjetivismo ou de apriorismo especulativo. Lembremos, porém, que a vivência da fé em comunidade tem prioridade sobre a variedade de enfoques ou alternativas de espiritualidade do humanismo do povo bíblico, principalmente quando se afastam do polo orientador da história da salvação. Se ocorrerem divergências entre os aspectos dialéticos na história de interpretação, tanto da abordagem dos conteúdos fundamentais da espiritualidade quanto da pedagogia dos temas bíblicos, o ponto de convergência estará na busca da mensagem de salvação para a comunidade de fé como portadora de dons salvíficos para toda a humanidade. Divergências hermenêuticas ou lacunas serão neutralizadas e preenchidas com reformulações e com a descoberta de novas metas que abram perspectivas dentro da história da revelação, sem perder de vista seu alcance rumo à meta-história. Uma das tarefas indispensáveis da pesquisa e da atualização da Espiritualidade bíblica é encontrar meios apropriados para nutrir a religiosidade popular, enriquecendo-a com conteúdos que se atenham à progressividade da vida espiritual em busca da maturidade. Ao cultivá-los de forma contínua, em consonância com o ritmo de crescimento da fé em todo o povo de Deus, entra em pauta também sua conexão com a promoção humana, estimulando a conquista da cidadania e da participação na sociedade. Em retrospecto sobre a extraordinária riqueza de temas desenvolvidos nos livros bíblicos, temos de fazer jus à inspiração dos autores sacros em nos apropriar de seus ensinamentos para encontrar o resultado de uma interioridade religiosa e divulgá-la entre os diversos estados de vida, para fomentar com novos impulsos a vida espiritual na Igreja. Entretanto, seu alcance é muito mais amplo porque oferece um variado leque de dimensões da Espiritualidade bíblica em benefício da vivência da fé cristã.

BIBLIOGRAFIA

AGOSTINHO, Santo. *Comentário aos Salmos I-III*. Trad. Monjas Beneditinas Caxambu. São Paulo, Paulus, 1997-1998 (Original em latim: *Enarrationes in Psalmos*).

ARCONADA, Ricardo. Los Salmos. In: PROFESSORES DE LA COMPAÑÍA DE JESÚS. *La Sagrada Escritura IV*. Madrid, BAC, 1969, p. 1-430.

AUVRAY, Paul. *Iniciação ao hebraico bíblico*. Petrópolis, Vozes, [2]1999.

BOTTERWECK, J., RINGGREN, H. *Diccionario teológico del Antiguo Testamento*. Madrid, Cristiandad, 1978, v. I.

CLIFFORD, Richard J. Salmos. In: BERGANT, Dianne, KARRIS, Robert J. *Comentário bíblico II*. Trad. B. T. Lambert. São Paulo, Loyola, [3]2001.

CORDEIRO, M. G. Libro de los Salmos. In: PROFESSORES DE SALAMANCA. *Bíblia comentada IV*. Madrid, BAC, 1967, p. 176-674.

EICHRODT, W. *Theology of the Old Testament I*. Philadelphia, Westminster Press, 1967.

ELBOGEN, I. *Jewish Liturgy, A Comprehensive History*. New York, Jewish Publication Society, 1993.

ELIADE, M. *Tratado de história das religiões*. Rio de Janeiro, Zahar, [2]1991.

———. *O sagrado e o profano, a essência das religiões*. São Paulo, Martins Fontes, 1996.

GORDON, Cyrus H. *Ugaritic Textbook, Glossary*. Roma, PIB, 1965.

JEREMIAS, J. *Abba: Studien zur neutestamentlichen Theologie und Zeitgeschichte*. Göttingen, Vandenhoeck & Ruprecht, 1966.

LONERGAN, Bernard. *Método en teología*. Trad. G. Remolina. Salamanca, Sígueme, [2]1994.

MERTON, Thomas. *Homem algum é uma ilha*. Campinas, Verus, 2003.

MOLTMANN, J. Creo en Dios Padre, ¿lenguaje patriarcal o matriarcal de Dios? *Selecciones de Teología* 24 (1985) 338.

PIAZZA, W. O. *Religiões da humanidade*. São Paulo, Loyola, [2]1991.

PICKSTOCK, C. *After Writing*. On the Liturgical Consummation of Philosophy. Oxford, Blackwell, 1998.

PRITCHARD, James B. (ed.). *Ancient Near Eastern Texts Relating to the Old Testament*. Princeton, NJ, Princeton University Press, [5]1955.

SCHÖKEL, L. Alonso. *A Palavra inspirada*, São Paulo, Loyola, 1992.

———, CARNITI, Cecília. *Salmos I-II*. Trad., introd. e coment. J. Rezende Costa. São Paulo, Paulus, 1998 (Grande Comentário Bíblico).

SHAHAK, Israel. *História judaica, religião judaica*. Lisboa, Hugin, 1997.

STADELMANN, Luís I. J. *Os Salmos: comentário e oração*. Petrópolis, Vozes, 2001.

WEISER, Artur. *Os Salmos*. Trad. E. A. Royer. São Paulo, Paulus, 1994 (Grande Comentário Bíblico).

ÍNDICE ANALÍTICO

DISTRIBUIDORES

• BAHIA

Livraria e distribuidora MULTICAMPi Ltda.
Rua Direita da Piedade, 20 – Piedade
Tel 71 2101-8000 | **Telefax** 71 2101-8009
40070-190 – Salvador, BA
ldm@livrariamulticampi.com.br

• MINAS GERAIS

Asteca distribuidora de livros Ltda.
Distribuição
Rua Costa Monteiro, 50 e 54 – Sagrada Família
Tel 31 3423-7979 | **Fax** 31 3424-7667
31030-480 – Belo Horizonte, MG
distribuidora@astecabooks.com.br
Livraria
Av. Dr. Cristiano Guimarães, 2127
loja 2129 – Planalto
Tel 31 3443-3990 | **Fax** 31 3443-3990
31720-300 – Belo Horizonte, MG
livraria@astecabooks.com.br

Mãe da igreja Ltda.
Rua São Paulo, 1207 – Centro
Tel 31 3213-4740 / 3213-0031
30170-131 – Belo Horizonte, MG
maedaigreja@globo.com

Sem fronteiras livraria e distribuidora Ltda me
Av. General Carlos Guedes, 180 – Planalto
Tel 31 3494-2823
31720-500 – Belo Horizonte, MG
semfronteiras-livraria@hotmail.com

• PARANÁ

CATM Comércio de livros Ltda.
Vendas no Atacado e no Varejo
Rua Santo Antônio, 590 – Térreo – Rebouças
Tel 41 3306-1000
80230-120 – Curitiba, PR
catm@catm.com.br

• PIAUÍ

Livraria Nova Aliança
Rua Olavo Bilac, 1259 – Centro
Telefax 86 3221-6793
64001-280 – Teresina, PI
livrarianovaalianca@hotmail.com

• RIO DE JANEIRO

Zélio Bicalho Portugal Cia. Ltda.
Vendas no Atacado e no Varejo
Av. Presidente Vargas, 502 – sala 1701
Telefax 21 2233-4295 / 2263-4280
20071-000 – Rio de Janeiro, RJ
zeliobicalho@globo.com

• RIO GRANDE DO SUL

Livraria e Editora Padre Reus
Rua Duque de Caxias, 805
Tel 51 3224-0250 | **Fax** 51 3228-1880
90010-282 – Porto Alegre, RS
livrariareus@livrariareus.com.br
loja@livrariareus.com.br

• SÃO PAULO

Distribuidora Loyola de Livros ltda.
Vendas no Atacado
Rua São Caetano, 959 – Luz
Tel 11 3322-0100 | **Fax** 11 3322-0101
01104-001 – São Paulo, SP
vendasatacado@livrarialoyola.com.br

Livrarias Paulinas
Via Raposo Tavares, km 19,145
Tel 11 3789-1425 / 3789-1423 | **Fax** 11 3789-3401
05577-300 – São Paulo, SP
expedicao@paulinas.com.br

REVENDEDORES

• AMAZONAS

Editora Vozes Ltda.
Rua Costa Azevedo, 105 – Centro
Tel 92 3232-5777 | **Fax** 92 3233-0154
69010-230 – Manaus, AM
vozes61@uol.com.br

Livrarias Paulinas
Av. 7 de Setembro, 665
Tel 92 3633-4251 / 3233-5130
Fax 92 3633-4017
69005-141 – Manaus, AM
livmanaus@paulinas.com.br

• BAHIA

Editora Vozes Ltda.
Rua Carlos Gomes, 698A
Conjunto Bela Center – loja 2
Tel 71 3329-5466 | **Fax** 71 3329-4749
40060-410 – Salvador, BA
vozes20@uol.com.br

Livrarias Paulinas
Av. 7 de Setembro, 680 – São Pedro
Tel 71 3329-2477 / 3329-3668
Fax 71 3329-2546
40060-001 – Salvador, BA
livsalvador@paulinas.com.br

• **BRASÍLIA**

Editora Vozes Ltda.
SCLR/Norte – Q. 704 – Bloco A n. 15
Tel 61 3326-2436 | **Fax** 61 3326-2282
70730-516 – Brasília, DF
vozes09@uol.com.br

Livrarias Paulinas
SCS – Q. 05 / Bl. C / Lojas 19/22 – Centro
Tel 61 3225-9595 | **Fax** 61 3225-9219
70300-500 – Brasília, DF
livbrasilia@paulinas.com.br

• **CEARÁ**

Editora Vozes Ltda.
Rua Major Facundo, 730
Tel 85 3231-9321 | **Fax** 85 3231-4238
60025-100 Fortaleza, CE
vozes23@uol.com.br

Livrarias Paulinas
Rua Major Facundo, 332
Tel 85 3226-7544 / 3226-7398
Fax 85 3226-9930
60025-100 – Fortaleza, CE
livfortaleza@paulinas.com.br

• **ESPÍRITO SANTO**

Livrarias Paulinas
Rua Barão de Itapemirim, 216 – Centro
Tel 27 3223-1318 / 0800-15-712
Fax 27 3222-3532
29010-060 – Vitória, ES
livvitoria@paulinas.com.br

• **GOIÁS**

Editora Vozes Ltda.
Rua 3, n. 291
Tel 62 3225-3077 | **Fax** 62 3225-3994
74023-010 – Goiânia, GO
vozes27@uol.com.br

Livraria Alternativa
Rua 70, n. 124 – Setor Central
Tel 62 3945-0260 / 3945-0261
62 3945-0262 / 3945-0265
Fax 62 3212-1035
74055-120 – Goiânia, GO
distribuidora@livrariaalternativa.com.br

Livrarias Paulinas
Av. Goiás, 636
Tel 62 3224-2585 / 3224-2329
Fax 62 3224-2247
74010-010 – Goiânia, GO
livgoiania@paulinas.com.br

• **MARANHÃO**

Editora Vozes Ltda.
Rua da Palma, 502 – Centro
Tel 98 3221-0715 | **Fax** 98 3222-9013
65010-440 – São Luís, MA
livrariavozes@terra.com.br

Livrarias Paulinas
Rua de Santana, 499 – Centro
Tel 98 3232-3068 / 3232-3072
Fax 98 3232-2692
65015-440 – São Luís, MA
fspsaoluis@paulinas.com.br

• **MATO GROSSO**

Editora Vozes Ltda.
Rua Antônio Maria Coelho, 197A
Tel 65 3623-5307 | **Fax** 65 3623-5186
78005-970 – Cuiabá, MT
vozes54@uol.com.br

• **MINAS GERAIS**

Editora Vozes Ltda.
Rua Sergipe, 120 – loja 1
Tel 31 3048-2100 | **Fax** 31 3048-2121
30130-170 – Belo Horizonte, MG
vozes04@uol.com.br

Rua Tupis, 114
Tel 31 3273-2538 | **Fax** 31 3222-4482
30190-060 – Belo Horizonte, MG
vozes32@uol.com.br

Rua Espírito Santo, 963
Tel 32 3215-9050 | **Fax** 32 3215-8061
36010-041 – Juiz de Fora, MG
vozes35@uol.com.br

Livrarias Paulinas
Av. Afonso Pena, 2142
Tel 31 3269-3700 | **Fax** 31 3269-3730
30130-007 – Belo Horizonte, MG
livbelohorizonte@paulinas.com.br

Rua Curitiba, 870 – Centro
Tel 31 3224-2832 | **Fax** 31 3224-2208
30170-120 – Belo Horizonte, MG
gerencialivbelohorizonte@paulinas.com.br

• **PARÁ**

Livrarias Paulinas
Rua Santo Antônio, 278 – Bairro do Comércio
Tel 91 3241-3607 / 3241-4845
Fax 91 3224-3482
66010-090 – Belém, PA
livbelem@paulinas.com.br

• **PARANÁ**

Editora Vozes Ltda.
Rua Pamphilo de Assumpção, 554 – Centro
Tel 41 3333-9812 | **Fax** 41 3332-5115
80220-040 – Curitiba, PR
vozes21@uol.com.br

Rua Emiliano Perneta, 332 – loja A
Telefax 41 3233-1392
80010-050 – Curitiba, PR
vozes64@uol.com.br

Livrarias Paulinas
Rua Voluntários da Pátria, 225
Tel 41 3224-8550 | **Fax** 41 3223-1450
80020-000 – Curitiba, PR
livcuritiba@paulinas.com.br

Av. Getúlio Vargas, 276 – Centro
Tel 44 3226-3536 | **Fax** 44 3226-4250
87013-130 – Maringá, PR
livmaringa@paulinas.com.br

• **PERNAMBUCO, PARAÍBA, ALAGOAS, RIO GRANDE DO NORTE E SERGIPE**

Editora Vozes Ltda.
Rua do Príncipe, 482
Tel 81 3423-4100 | **Fax** 81 3423-7575
50050-410 – Recife, PE
vozes10@uol.com.br

Livrarias Paulinas
Rua Duque de Caxias, 597 – Centro
Tel 83 241-5591 / 241-5636 | **Fax** 83 241-6979
58010-821 João Pessoa, PB
livjpessoa@paulinas.com.br

Rua Joaquim Távora, 71
Tel 82 326-2575 | **Fax** 82 326-6561
57020-320 – Maceió, AL
livmaceio@paulinas.com.br

Rua João Pessoa, 224 – Centro
Tel 84 212-2184 | **Fax** 84 212-1846
59025-200 – Natal, RN
livnatal@paulinas.com.br

Rua Frei Caneca, 59 – Loja 1
Tel 81 3224-5812 / 3224-6609
Fax 81 3224-9028 / 3224-6321
50010-120 – Recife, PE
livrecife@paulinas.com.br

• RIO DE JANEIRO

Editora Vozes Ltda.
Rua 7 de Setembro, 132 – Centro
Tel 21 2215-0110 / **Fax** 21 2508-7644
20050-002 – Rio de Janeiro, RJ
vozes42@uol.com.br

Rua Frei Luis, 100 – Centro
Tel 24 2233-9000 | **Fax** 24 2231-4676
25669-900 – Petrópolis, RJ
vendas@vozes.com.br

Livrarias Paulinas
Rua 7 de Setembro, 81-A
Tel 21 2232-5486 | **Fax** 21 2224-1889
20050-005 – Rio de Janeiro, RJ
livjaneiro@paulinas.com.br

Rua Dagmar da Fonseca, 45 Loja A/B – Madureira
Tel 21 3355-5189 / 3355-5931
Fax 21 3355-5929
21351-040 – Rio de Janeiro, RJ
livmadureira@paulinas.com.br

Rua Doutor Borman, 33 – Rink
Tel 21 2622-1219 | **Fax** 21 2622-9940
24020-320 – Niterói, RJ
livniteroi@paulinas.com.br

Zélio Bicalho Portugal Cia. Ltda.
Rua Marquês de S. Vicente, 225 – PUC
Prédio Cardeal Leme – Pilotis
Telefax 21 2511-3900 / 2259-0195
22451-041 – Rio de Janeiro, RJ

Centro Tecnologia – Bloco A – UFRJ
Ilha do Fundão – Cidade Universitária
Telefax 21 2290-3768 / 3867-6159
21941-590 – Rio de Janeiro, RJ
livrarialianca@prolink.com.br

• RIO GRANDE DO SUL

Editora Vozes Ltda.
Rua Riachuelo, 1280
Tel 51 3226-3911 | **Fax** 51 3226-3710
90010-273 – Porto Alegre, RS
vozes05@uol.com.br

Livrarias Paulinas
Rua dos Andradas, 1212 – Centro
Tel 51 3221-0422 | **Fax** 51 3224-4354
90020-008 – Porto Alegre, RS
livpalegre@paulinas.com.br

• RONDÔNIA

Livrarias Paulinas
Rua Dom Pedro II, 864 – Centro
Tel 69 3224-4522 | **Fax** 69 3224-1361
78900-010 – Porto Velho, RO
livportovelho@paulinas.com.br

• SANTA CATARINA

Editora Vozes
Rua Jerônimo Coelho, 308
Telefax 48 3222-4112
88010-030 – Florianópolis, SC
vozes45@uol.com.br

• SÃO PAULO

Distribuidora Loyola de Livros Ltda.
Vendas no Varejo
Rua Senador Feijó, 120
Telefax 11 3242-0449
01006-000 – São Paulo, SP
senador@livrarialoyola.com.br

Rua Barão de Itapetininga, 246
Tel 11 3255-0662 | **Fax** 11 3231-2340
01042-001 – São Paulo, SP
loyola_barao@terra.com.br

Rua Quintino Bocaiúva, 234 – Centro
Tel 11 3105-7198 | **Fax** 11 3242-4326
01004-010 – São Paulo, SP
atendimento@livrarialoyola.com.br

Editora Vozes Ltda.
Rua Senador Feijó, 168
Tel 11 3105-7144 | **Fax** 11 3105-7948
01006-000 – São Paulo, SP
vozes03@uol.com.br

Rua Haddock Lobo, 360
Tel 11 3256-0611 | **Fax** 11 3258-2841
01414-000 – São Paulo, SP
vozes16@uol.com.br

Rua dos Trilhos, 627 – Mooca
Tel 11 2693-7944 | **Fax** 11 2693-7355
03168-010 – São Paulo, SP
vozes37@uol.com.br

Rua Barão de Jaguara, 1097
Tel 19 3231-1323 | **Fax** 19 3234-9316
13015-002 – Campinas, SP
vozes40@uol.com.br

Livrarias Paulinas
Rua Domingos de Morais, 660 – Vila Mariana
Tel 11 5081-9330 | **Fax** 11 5081-9366
04010-100 – São Paulo, SP
livdomingos@paulinas.com.br

Rua XV de Novembro, 71
Tel 11 3106-4418 / 3106-0602
Fax 11 3106-3535
01013-001 – São Paulo, SP
liv15@paulinas.com.br

Av. Marechal Tito, 981 – São Miguel Paulista
Tel 11 6297-5756 | **Fax** 11 6956-0162
08010-090 – São Paulo, SP
livsmiguel@paulinas.com.br

• PORTUGAL

Multinova União Liv. Cult.
Av. Santa Joana Princesa, 12 E
Tel 00xx351 21 842-1820 / 848-3436
1700-357 – Lisboa, Portugal

Distribuidora de Livros Vamos Ler Ltda.
Rua 4 de infantaria, 18-18A
Tel 00xx351 21 388-8371 / 60-6996
1350-006 – Lisboa, Portugal

Editora Vozes
Av. 5 de outubro, 23
Tel 00xx351 21 355-1127
Fax 00xx351 21 355-1128
1050-047 – Lisboa, Portugal
vozes@mail.telepac.pt

Este livro foi composto nas famílias tipográficas
*ITC Stone Serif, ITC Stone Sans, Bwhebb** e *Bwgrkn**
e impresso em papel *Offset 75g/m²*

Edições Loyola

editoração impressão acabamento

rua 1822 nº 341
04216-000 são paulo sp
T 55 11 3385 8500
F 55 11 2063 4275
www.loyola.com.br